WERNER RUTZ
KONRAD SCHERF · WILFRIED STRENZ
DIE FÜNF NEUEN BUNDESLÄNDER

WERNER RUTZ
KONRAD SCHERF · WILFRIED STRENZ

DIE FÜNF NEUEN BUNDESLÄNDER

Historisch begründet, politisch gewollt
und künftig vernünftig?

Mit 16 Übersichten, 11 Tabellen, 23 Abbildungen
und 5 Farbkarten

WISSENSCHAFTLICHE BUCHGESELLSCHAFT
DARMSTADT

Einbandgestaltung: Neil McBeath, Stuttgart.

Die Abschnitte des Buches wurden zunächst in Entwürfen von den Autoren einzeln erarbeitet, und zwar Abschnitt 2 von Wilfried Strenz; Abschnitte 3, 4, 5.1 (teilweise), 5.5 sowie 7 von Konrad Scherf und Abschnitte 5.1 (teilweise), 5.2 bis 5.4 sowie 6 von Werner Rutz. Diese wurden gemeinsam diskutiert, verändert und ergänzt, so daß die Autoren in den Grundaussagen und in der gewählten Form des Buches ihre Standpunkte weitgehend in Übereinstimmung bringen bzw. annähern konnten.

Die Deutsche Bibliothek – CIP-Einheitsaufnahme

Die fünf neuen Bundesländer:
historisch begründet, politisch gewollt und künftig vernünftig?; Mit 11 Tabellen / Werner Rutz; Konrad Scherf; Wilfried Strenz. – Darmstadt: Wiss. Buchges., 1993
  ISBN 3-534-12114-7
NE: Rutz, Werner; Scherf, Konrad; Strenz, Wilfried

Bestellnummer 12114-7

Das Werk ist in allen seinen Teilen urheberrechtlich geschützt.
Jede Verwertung ist ohne Zustimmung des Verlages unzulässig.
Das gilt insbesondere für Vervielfältigungen,
Übersetzungen, Mikroverfilmungen und die Einspeicherung in
und Verarbeitung durch elektronische Systeme.

© 1993 by Wissenschaftliche Buchgesellschaft, Darmstadt
Gedruckt auf säurefreiem und alterungsbeständigem Werkdruckpapier
Satz: Setzerei Gutowski, Weiterstadt
Druck und Einband: Wissenschaftliche Buchgesellschaft, Darmstadt
Printed in Germany
Schrift: Linotype Times, 9.5/11

ISBN 3-534-12114-7

Inhaltsverzeichnis

Verzeichnis der Übersichten VII

Verzeichnis der Tabellen VIII

Verzeichnis der Abbildungen und Farbkarten IX

1	Einleitung	1
2	Die neuen Bundesländer und Berlin. Entstehung und territoriale Entwicklung	3
2.1	Vorbemerkung	3
2.2	Die Territorialentwicklung bis zum Wiener Kongreß (1815)	4
2.2.1	Sachsen	4
2.2.2	Thüringen	12
2.2.3	Provinz Sachsen und Anhalt	15
2.2.4	Provinz Brandenburg mit Berlin	18
2.2.5	Mecklenburg und Region Vorpommern	21
2.3	Die Territorialentwicklung im 19. und 20. Jahrhundert (bis zur Formierung der Länder nach dem Zweiten Weltkrieg)	24
2.3.1	Sachsen	24
2.3.2	Thüringen	29
2.3.3	Provinz Sachsen und Anhalt	36
2.3.4	Provinz Brandenburg mit Berlin	41
2.3.5	Mecklenburg und Region Vorpommern	44
3	Die Länderstruktur in der Zeit nach dem Zweiten Weltkrieg (1945 bis 1952)	47
4	Länderauflösung und Bezirksgliederung (1952 bis 1990) . .	55
4.1	Die Auflösung der Länder	55
4.2	Aspekte der Bezirksgliederung	59
4.3	Die Bezirke und Kreise und ihr Verhältnis zu wirtschafts- und sozialräumlichen Einheiten	68

5	Die Neubildung der Länder und ihr gegenwärtiger Zuschnitt (1989 bis 1992)	79
5.1	Anlaß und Entwicklung bis zum Ländereinführungsgesetz	79
5.2	Heutiger Zuschnitt als Folge des Ländereinführungsgesetzes	94
5.3	Mögliche weitere Grenzveränderungen gemäß Ländereinführungsgesetz	99
5.4	Zusätzlich durch Gemeinden geforderte Grenzveränderungen	105
5.5	Die Struktur der neuen Bundesländer	108
6	Kritik am gegenwärtigen Zuschnitt der neuen Bundesländer	113
6.1	Vorbemerkung	113
6.2	Größe und Leistungsfähigkeit	114
6.3	Landsmannschaftliche sowie historisch-kulturelle Zusammenhänge	119
6.4	Erfordernisse der Raumordnung und Landesplanung	127
7	Ausblick: Weiterentwicklung des Föderalismus in Deutschland – Vorstellungen und Realitäten	131
Anmerkungen		139
Literatur und Quellen		143
Register		149

Verzeichnis der Übersichten

Übersicht 1: Das Kgr. Sachsen vor und nach dem Wiener Kongreß 1815 24
Übersicht 2: Politisch-administrative Gliederung des Landes Sachsen 1939 29
Übersicht 3: Die thüringischen Staaten 1815 32
Übersicht 4: Die Gebiete der drei neu entstandenen thüringischen Herzogtümer 1826 33
Übersicht 5: Die thüringischen Staaten 1919 35
Übersicht 6: Politisch-administrative Gliederung des Landes Thüringen 1939 36
Übersicht 7: Politisch-administrative Gliederung der Provinz Sachsen 1939 39
Übersicht 8: Politisch-administrative Gliederung des Landes Anhalt 1939 40
Übersicht 9: Politisch-administrative Gliederung der Provinz Mark Brandenburg und der Stadt Berlin 1939 43
Übersicht 10: Politisch-administrative Gliederung des Landes Mecklenburg 1939 45
Übersicht 11: Politisch-administrative Gliederung des Regierungsbezirks Stettin (Provinz Pommern) 1939 46
Übersicht 12: Zusammensetzung der Bezirksgruppen als Vorläufer der neuen Länder 92
Übersicht 13: Die neuen Bundesländer und ihre konstitutiven Verwaltungseinheiten (Stand: 14. 10. 1990) 95
Übersicht 14: Abstimmung in Kreisen, die vor Inkrafttreten des Ländereinführungsgesetzes ihre Landeszugehörigkeit wählen durften 96
Übersicht 15: Städte und Gemeinden, die ihre Landeszugehörigkeit noch wechseln dürfen 99
Übersicht 16: Stimmenverteilung im Bundesrat nach Bundesländern 132

Verzeichnis der Tabellen

Tab. 1: Länder der sowjetischen Besatzungszone/DDR (Stand: 1950) 50
Tab. 2: Flächenländer auf dem Gebiet der westlichen Besatzungszonen/BRD (Stand: 1950) 52
Tab. 3: Durchschnittliche Kreisgröße in den Ländern der SBZ/DDR (Stand: 1950), gemessen a) an der Kreisfläche und b) an der Kreisbevölkerung 52
Tab. 4: Veränderung der Einwohnerzahl ausgewählter Städte 1950 bis 1989 60
Tab. 5: Veränderung der Einwohnerzahlen in den Städten Brandenburg und Potsdam 1950–1989 61
Tab. 6: Anteil der Bevölkerung der Bezirksstädte an der Bevölkerung der gleichnamigen Bezirke der DDR (Stand: 31. 8. 1950) 62
Tab. 7: Veränderung der Einwohnerzahl der DDR-Bezirksstädte 1950–1989 63
Tab. 8: Verhältnis der Extremwerte ausgewählter Kenngrößen der Bezirke der DDR Mitte der 80er Jahre 66
Tab. 9: Verhältnis der Extremwerte ausgewählter Kenngrößen der Kreise der DDR Mitte der 80er Jahre 67
Tab. 10: Ausgewählte wirtschafts- und sozialräumliche Strukturmerkmale der DDR Mitte der 80er Jahre, differenziert nach regionalen Bezirksgruppen 70
Tab. 11: Reihung der Bundesländer nach Einwohnern 1989 (31. 12. 1989) 110

Verzeichnis der Abbildungen und Farbkarten

Abbildungen

Abb. 1: Die Territorien auf dem Gebiet der neuen Bundesländer in der ersten Hälfte des 16. Jahrhunderts (um 1540) . . 6
Abb. 2: Die Territorien auf dem Gebiet der neuen Bundesländer am Ende des 18. Jahrhunderts (1789) 10
Abb. 3: Die Territorien auf dem Gebiet der neuen Bundesländer in der ersten Hälfte des 19. Jahrhunderts (um 1830) . . . 25
Abb. 4: Die Territorien auf dem Gebiet der neuen Bundesländer vor Beginn des Zweiten Weltkrieges (1939) 26
Abb. 5: Die Territorien der thüringischen Staaten am Ende des 19. Jahrhunderts 30
Abb. 6: Deutschland nach dem Zweiten Weltkrieg 49
Abb. 7: Länder- und Kreisgliederung auf dem Territorium der DDR (Gebietsstand: 1950) 53
Abb. 8: Bezirke, Stadt- und Landkreise der DDR (Gebietsstand: 10. Juli 1952) 58
Abb. 9: Regionale Naturraumgliederung der DDR 71
Abb. 10: Regionale Flächennutzung in der DDR 72
Abb. 11: Flächenbilanz der Naturräume und Flächennutzungskomplexe der Bezirke der DDR, ohne die Flächen der Siedlungen und ihrer Randzonen 73
Abb. 12: Wirtschaftsräumliche Struktureinheiten mittlerer Ordnung in der DDR 74
Abb. 13: Makro- und Mesoregionen der DDR nach Wirtschaftsfunktion und Urbanisierung 75
Abb. 14: Funktionale Kreistypen für das Territorium der DDR Mitte der 80er Jahre 76
Abb. 15: Faksimile eines Briefes des Friedenskreises der Sankt-Bartholomaei-Kirche zu Demmin in Vorpommern vom 14. 2. 1990 an das Kolloquium zur politisch-administrativen Territorialgliederung an der Humboldt-Universität zu Berlin am 16. 2. 1990 82

Abb. 16: Faksimile eines Briefes einer Sächsin in der Oberlausitz in der ›Sächsischen Zeitung‹ vom 17. 2. 1990, bezogen auf einen Artikel in der ›Jungen Welt‹ vom 15. 2. 1990 von Dr. Karl-Heinz Hajna 83
Abb. 17: Problemgebiete der Ländergliederung (nach Scherf und Zaumseil 1990) 86
Abb. 18: Ländergliederung – Grundvariante A (nach Scherf und Zaumseil 1990) 87
Abb. 19: Ländergliederung – Grundvariante B: Magdeburger Raum zu Sachsen (nach Scherf und Zaumseil 1990) 89
Abb. 20: Ländergliederung – Grundvariante B: Magdeburger Raum zu Brandenburg (nach Scherf und Zaumseil 1990) . . . 90
Abb. 21: Ländergliederung – Grundvariante C (nach Scherf und Zaumseil 1990) 90
Abb. 22: Bezirke und Kreise der DDR (Stand 1. 1. 1982) 93
Abb. 23: Länderneugliederungsvorschlag für die Bundesrepublik Deutschland von Gobrecht (1990) 135

Farbkarten

Karte 1: Länder nach 1947, Bezirke ab 1952 und Bezirksgruppen 1990 116
Karte 2: 15 Kreise in Überschneidungsbereichen von Ländern und Bezirksgruppen mit ihrer gegenwärtigen Zuordnung 118
Karte 3: Gebiete, für die ein Länderwechsel möglich ist und/oder gewünscht wird 120
Karte 4 a–c: Gliederungsvorschläge für neue Bundesländer auf dem Gebiet der ehemaligen DDR 122
Karte 5: Mögliche Zuschnitte von bis zu acht Ländern auf dem Gebiet der ehemaligen DDR 124

1 Einleitung

Die im Herbst des Jahres 1989 einsetzende politische Wende in der ehemaligen DDR, die sich in die fundamentalen politischen und ideologischen, wirtschaftlichen und sozialen Wandlungen in Ost- und Mitteleuropa seit der zweiten Hälfte der 80er Jahre unseres Jahrhunderts einordnet und unter den besonderen nationalen Bedingungen der Deutschen zur Wiedervereinigung führte, war und ist auch mit gravierenden Veränderungen der politisch-administrativen Gliederungen in Ost- und Mitteldeutschland verbunden.

In nur knapp einem Jahr wurde die von der großen Mehrheit der Bevölkerung geforderte und demokratisch gebilligte Länderstruktur in diesem Teil Deutschlands politisch und organisatorisch vorbereitet. Dies war eine der entscheidenden Voraussetzungen für die rasche staatliche Vereinigung in Deutschland durch den am 3. 10. 1990 gemäß Artikel 23 GG erfolgten Beitritt der ehemaligen DDR zum Wirkungsbereich des Grundgesetzes der Bundesrepublik Deutschland und der Neubildung der Bundesländer Sachsen, Thüringen, Sachsen-Anhalt, Brandenburg und Mecklenburg-Vorpommern.

Welche politischen und administrativen, geographischen und historischen, wirtschaftlichen und sozialen, kulturellen und ethnischen, rationalen und emotionalen Faktoren haben diese Entwicklung beeinflußt? Wie ist der gegenwärtige Zuschnitt der fünf neuen Bundesländer unter den Gesichtspunkten ihrer Größe, Konfiguration und wirtschaftlichen Leistungsfähigkeit einzuschätzen und wie sind ihre historischen Traditionen und landsmannschaftliche Gebundenheit sowie ihre Konvergenz, Interferenz und Divergenz mit den dringend zu lösenden Problemen der Raumordnung und Regionalplanung zu bewerten? Welche Rolle spielen die neuen Bundesländer für die Weiterentwicklung des Föderalismus in Deutschland und welche Perspektive besitzen sie in einem künftigen „Europa der Regionen"?

Diese und weitere Grundsatzfragen sowie aktuelle Probleme der Fortentwicklung des Föderalismus in Deutschland und Europa werden u. a. von einem Arbeitskreis der Akademie für Raumordnung und Landesplanung (ARL) mit Sitz in Hannover untersucht, an dem Werner Rutz und Konrad Scherf beteiligt sind.

Mit dem vorgelegten Buch wenden sich die Autoren zuvorderst an Studierende und Lehrende insbesondere der Fachgebiete Geographie, Politik und Geschichte, Regional- und Landesplanung sowie Verwaltungsrecht und -geschichte. Darüber hinaus richtet sich der Band u. a. auch an Bundes-, Landes- und Kommunalpolitiker, Mitarbeiter der Verwaltung und Planung auf den verschiedenen Ebenen, vor allem in den neuen Bundesländern sowie an Lehrende und Lernende der weiterführenden Schulen und aus dem Umfeld der Erwachsenenbildung.

2 Die neuen Bundesländer und Berlin. Entstehung und territoriale Entwicklung

2.1 Vorbemerkung

Die Wiedergeburt der fünf neuen Bundesländer Sachsen, Thüringen, Sachsen-Anhalt, Brandenburg und Mecklenburg-Vorpommern sowie des Landes (Gesamt-)Berlin ist ein Ergebnis der demokratischen Umwälzung auf dem Gebiet der ehemaligen DDR seit der politischen Wende im Herbst 1989. Ihre derzeitigen Konfigurationen basieren zwar auf den nach dem Ende des Zweiten Weltkrieges in der damaligen sowjetischen Besatzungszone entstandenen administrativ-territorialen Verwaltungseinheiten, doch sind sie heute wie auch 1945 keine durch willkürliche Zusammenlegungen von räumlich benachbarten Gebieten konstruierten Neuschöpfungen.

Die fünf neuen Länder, deren Umgrenzung grob durch Ostsee, Oder, Görlitzer Neiße, Erzgebirgskamm, Frankenwald, Thüringer Wald, Werra, Eichsfeld, Harz und untere Elbe beschrieben werden kann, bilden keinen einheitlichen Natur-, Wirtschafts- und Sozialraum. Das zur Betrachtung stehende Gebiet ist nach Ausdehnung und Zuschnitt vielmehr durch eine Vielzahl territorialgeschichtlicher Entscheidungen in sehr verschiedenen Geschichtsepochen gesellschaftlich ausgeformt worden.

Vor etwa 1000 Jahren bildete die in diesem Gebiet diagonal von Südosten nach Nordwesten verlaufende Elbe mit ihrem linksseitigen Nebenfluß, der Saale, die markante Scheidelinie zwischen dem hiervon westlich liegenden, sich aus dem fränkischen Karolingerreich entwickelnden späteren deutschen Staatsgebiet und dem östlich angrenzenden Siedlungsraum slawischer Völker. Ein großer Teil der gegenwärtigen Länder Thüringen und Sachsen-Anhalt lag damit innerhalb des entstehenden römisch-deutschen Kaiserreiches im sog. Altsiedelgebiet, in seiner östlichen Grenzregion mit den sich festigenden Stammesherzogtümern. Die bereits im 10. Jh. von hier aus einsetzende Ostbewegung zur Besiedlung der Flächen jenseits von Elbe und Saale und der Missionsgedanke einer Christianisierung der dort wohnenden Bevölkerung führten zur Gründung von Grenzmarken, deren Areale in der Mehrzahl in der historischen Entwicklung zu festgefügten Herrschaftsterritorien wurden. Die heutigen Länder Sachsen, Brandenburg und Mecklenburg-Vorpommern gehen in ihrem Ursprung auf solche Grenzmarken zurück.

Die Länder Sachsen-Anhalt, Thüringen und auch das Land Berlin sind hingegen Resultate jüngerer territorialgeschichtlicher Vorgänge. Hervorgegangen aus Teilen wettinisch-sächsischer und brandenburgisch-preußischer Herrschaftsgebiete entstanden sie als territoriale Neuschöpfungen im Ergebnis der historischen Bedingungen und Situationen im 19. und 20. Jh.

So wurde Sachsen-Anhalt als preußische Provinz Sachsen im Ergebnis des Wiener Kongresses 1815 durch den Zusammenschluß diverser preußischer und bislang sächsischer Gebietsteile gegründet. Bis 1945 existierte zwischen Harz und Fläming und durchflossen von Elbe und Saale noch das Land Anhalt. Bereits im Altsiedelgebiet mit Landbesitz versehen, stellte das anhaltische Herrscherhaus im 12. Jh. die ersten bedeutenden Markgrafen der Mark Brandenburg. Sehr bald aber in seiner Lage zwischen den expandierenden brandenburgischen und sächsischen Territorialbesitzungen eingezwängt, verlor das Haus Anhalt jegliche politische Bedeutung, blieb in Fläche und Konfiguration über Jahrhunderte nahezu konstant und wurde nach dem Ende des Zweiten Weltkrieges bei der Formierung der neuen Verwaltungseinheiten zum Provinzialgebiet Sachsen-Anhalt vereinigt.

Thüringen entstand als Land erst 1920 durch die Vereinigung von sieben Zwergstaaten, von denen vier ihre Entwicklung aus dem ehemaligen wettinischen (nachmaligen sächsischen) Herrscherhaus herleiteten, das diese Landschaft seit dem 13. Jh. seinem Einflußbereich zurechnete. Ebenfalls 1920 war die Großgemeinde Berlin unter Hinzunahme beträchtlicher Flächen aus den Randkreisen Niederbarnim, Teltow und Osthavelland gebildet worden. Verbunden war damit die endgültige Ausgliederung aus der preußischen Provinz Brandenburg. Die Stellung eines Landes bekam das Gemeinwesen erst nach dem Zweiten Weltkrieg in Zusammenhang mit der Bildung der Viersektorenstadt im Jahre 1945.

2.2 Die Territorialentwicklung bis zum Wiener Kongreß (1815)

2.2.1 Sachsen

Ursprungsgebiet des heutigen Landes Sachsen ist das zwischen Elbe, mittlerer Saale und Erzgebirge von den Flüssen Elster, Pleiße und Mulde durchzogene Gebiet. Vor der Ostgrenze des Karolingerreiches gelegen, gehörte dieser Raum zu einer von Karl dem Großen zu Beginn des 9. Jh. eingerichteten Grenzmark auf dem Gebiet der hier wohnenden slawischen Stämme. Nach Unterwerfung der sorbischen Daleminzier (929) errichtete der deutsche König Heinrich I. am linken Elbufer die Burg Meißen. Ausgehend

2.2 Territorialentwicklung bis zum Wiener Kongreß

hiervon gründete sein Nachfolger Otto I. die Markgrafschaft Meißen und damit die Keimzelle des heutigen Landes Sachsen. Ende des 11. Jh. (1089) wurde der Markgraf der Niederlausitz, Heinrich I. von Eilenburg aus dem Geschlecht der Wettiner, mit der Mark Meißen belehnt. In den feudalen Fehden des 11. und 12. Jh. vor allem mit dem Konkurrenten Wiprecht von Groitzsch (Stammsitz südlich von Leipzig), der auch die der Markgrafschaft benachbarten Länder Bautzen und Dresden besaß, behaupteten sich die wettinischen Grafen. Konrad von Wettin vereinigte 1125 die wettinischen Hausgüter Eilenburg und Camburg mit der Mark, bekam durch Erbvertrag mit dem Haus Groitzsch 1136 die verlorengegangene Niederlausitz zurück, vergrößerte mit den Ländern Bautzen (d. h. die spätere Oberlausitz) und Dresden sowie den Grafschaften Rochlitz und schließlich Groitzsch das Territorium der Markgrafschaft recht beträchtlich und legte so die Grundlage für die Hausmacht der Wettiner. 1156 wurde diese Fläche noch um die Mark Landsberg erweitert.

Staufische Feudalinteressen, die als deutsche Kaiser in der zweiten Hälfte des 12. Jh. im Gebiet der Pleiße und oberen Mulde um Altenburg und Zwickau über das dort vorhandene Reichsgut Besitzungen für eine eigene Hausmacht zu erwerben suchten, brachten seit den 80er Jahren des 12. Jh. eine ernste Bedrohung für den wettinischen Territorialbesitz. Die Länder Dresden und Bautzen gingen wieder verloren, 1185 folgte die Niederlausitz, und schließlich wurde nach dem Tode des Markgrafen die Mark Meißen selbst als erledigtes Reichslehen vom Staufenkaiser Heinrich VI. eingefordert.

Nach dessen Tod wurde 1198 der Wettiner Dietrich von Weißenfels als Parteigänger Philipps von Schwaben wieder mit der Markgrafschaft belehnt, und er vereinigte – mit Ausnahme des Landes Bautzen – erneut den gesamten wettinischen Besitz. Sein Nachfahre Heinrich der Erlauchte erwarb die Anwartschaft auf den staufischen Besitz des Pleißener Landes und erstritt nach dem Aussterben der thüringischen Ludowinger (1247) gegen den Widerstand der anderen thüringischen Grafen die Landgrafschaft Thüringen zusammen mit der Pfalzgft. Sachsen (Gebiet nördlich der Unstrut zwischen Sangerhausen und Freyburg). In der Mitte des 13. Jh. existierte damit ein zusammenhängendes Herrschaftsgebiet, das im Osten bis zur Oder reichte, im Westen an die Werra grenzte und sich zwischen Erzgebirge, Harz und Fläming über eine beachtliche Fläche erstreckte.

Landesteilung, Familienzwiste, Erbansprüche und die Interessen anderer Feudaldynastien führten nach dem Tode Heinrichs des Erlauchten (1288) zu Gebietsverlusten und wiederum zur Auflösung der wettinischen Lande. 1290 wurden die Gft. Wettin, die Stammgrafschaft des Herrscherhauses rechts der Saale und unterhalb von Halle gelegen, vom Erzstift Magdeburg sowie die östlich angrenzende Gft. Brehna vom Hzm. Sachsen(-Wittenberg)

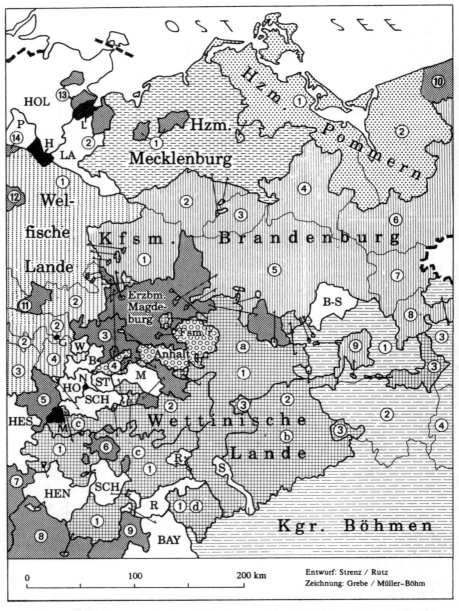

Abb. 1: Die Territorien auf dem Gebiet der neuen Bundesländer in der ersten Hälfte des 16. Jh. (um 1540) (Quelle: Historischer Handatlas von Droysen. Bielefeld u. Leipzig 1886, Kt. 38/39; F. W. Putzgers Historischer Schulatlas, 50. Auflage. Bielefeld u. Leipzig 1931, Ktn. 151–154; Westermann: Großer Atlas zur Weltgeschichte, 8. Auflage. Braunschweig 1972, Kt. 96/97).

Zeichenerklärung

----- Reichsgrenze

——— Territorialgrenze

——— sonstige Grenze

Hzm. Mecklenburg

Hzm. Pommern
1 Pommern-Wolgast
2 Pommern-Stettin

Kfsm. Brandenburg
1 Altmark
2 Prignitz
3 Ruppin
4 Uckermark
5 Mittelmark
6 Neumark
7 Sternberg
8 Crossen
9 Cottbus

Habsburgische Länder
1 Mgft. Niederlausitz
2 Mgft. Oberlausitz
3 Fsm. Glogau
  (mit Schwiebus)
4 Fsm. Jauer

Wettinische Lande
1 Ernestinische Wettiner
2 Albertinische Wettiner
3 gemeinsam verwaltete Gebiete

a Kursachsen
b Mgft. Meißen
c Ldgft. Thüringen
d Vogtland

Fsm.r Anhalt

Welfische Lande
1 Braunschweig-Lüneburg
2 Braunschweig-Wolfenbüttel
3 Braunschweig-Calenberg
4 Braunschweig-Grubenhagen

Geistliche Territorien
1 Bm. Schwerin
2 Bm. Ratzeburg
3 Bm. Halberstadt
4 Abtei Quedlinburg
5 zum Erzbm. Mainz (Eichsfeld)
6 zum Erzbm. Mainz (Erfurt)
7 Abtei Fulda
8 Bm. Würzburg
9 Bm. Bamberg
10 Bm. Cammin
11 Bm. Hildesheim
12 Bm. Verden
13 Bm. Lübeck
14 Erzbm. Bremen

Sonstige Territorien
B Gft. Blankenburg
B-S H.'n Beeskow u. Storkow
BAY Fsm. Bayreuth
HEN Gft. Henneberg
HES Ldgft. Hessen
HO Gft. Hohenstein
HOL Hzm. Holstein
LA Hzm. Lauenburg
M Gft. Mansfeld
P H. Pinneberg
R Gft. Reuß
S Gft. Schönburg
SCH Gft. Schwarzburg
ST Gft. Stolberg
W Gft. Wernigerode

Reichsstädte
L Lübeck
G Goslar
H Hamburg
M Mühlhausen
N Nordhausen

übernommen. 1291 gelangten der nördliche Teil der Mark Landsberg (zu beiden Seiten der Saale zwischen Halle und Merseburg gelegen) und die Pfalzgft. Sachsen an die Mgft. Brandenburg. Auf der Suche nach Gebieten zum Aufbau einer eigenen Hausmacht zog König Adolf von Nassau nach 1292 die Mark Meißen als erledigtes Reichslehen ein und setzte sich in den Besitz nahezu aller wettinischen Gebiete. Sein Nachfolger Albrecht aus dem Haus Habsburg übergab die Mark Meißen seinem Schwager, dem böhmischen König, der sie 1304 als Pfand dem brandenburgischen Markgrafen überließ. Zur gleichen Zeit verkauften die Wettiner, ihres Landbesitzes nahezu gänzlich beraubt, die Niederlausitz an Brandenburg. Das Schicksal der wettinischen Lande schien besiegelt.

Nach der siegreichen Schlacht bei Lucka (nordwestlich von Altenburg, 1307) begründete Friedrich der Freidige den wettinischen Besitz mit der Mark Meißen, dem Pleißener und dem Osterland, dem südlichen Teil der Mark Landsberg sowie der Ldgft. Thüringen neu; 1310 erfolgte durch Kaiser Heinrich VII. die Belehnung. 1329 wurde die Burggft. Altenburg erworben; 1347 wurden der nördliche Teil der Mark Landsberg und die Pfalzgft. Sachsen zurückgewonnen, für kurze Zeit (1353–1364) auch die Niederlausitz, die nach Pfandeinlösung aber wieder an Böhmen verlorenging.

Mitte des 14. Jh. wurden neue Gebiete im thüringischen Raum angegliedert. Nach 1350 wurden erste Stützpunkte im Vogtland gewonnen, die dazu führten, daß die Wettiner in der zweiten Hälfte des 15. Jh. das gesamte Vogtland besaßen. Das Bestreben zur territorialen Expansion richtete sich auch in Richtung Böhmen. 1404 wurde das im linken Elbtal oberhalb von Dresden gelegene Gebiet um Dohna und Pirna erobert und – wie bereits im übrigen Teil des Erzgebirges – die Grenze bis zum Kamm vorgetrieben. Der Vertrag von Eger (1459) brachte zwischen beiden Ländern eine Grenzziehung, die in diesem Bereich auch gegenwärtig noch existiert.

1423 belehnte Kaiser Sigismund Friedrich den Streitbaren zum Dank für dessen Beteiligung im Kampf gegen die Hussiten mit dem im Raum von Wittenberg gelegenen vakanten Hzm. Sachsen und der hierauf ruhenden Kurwürde. Der Name Sachsen wurde in Verbindung mit der Kurwürde später auf den gesamten Territorialbesitz übertragen. Dieser Gebietszuwachs schloß auch die Ende des 13. Jh. abgetretene Gft. Brehna ein und dehnte das wettinische Herrschaftsgebiet weit nach Norden über den Fläming bis zur brandenburgischen Landschaft der Zauche aus, d.h., es grenzte nunmehr unmittelbar an brandenburgisches Kernland.[1]

Durch den Ankauf der niederschlesischen Herrschaft Sagan 1472 sowie der Herrschaften Sorau, Beeskow und Storkow, die allerdings zu Beginn des 16. Jh. wieder verlorengingen, gelang es, auch wieder in der Niederlausitz Fuß zu fassen.

Die Teilung der wettinischen Lande in die beiden Herrschaftslinien der

2.2 Territorialentwicklung bis zum Wiener Kongreß

Ernestiner und der Albertiner (sog. Leipziger Teilung, 1485) stellte die Weichen für zukünftig getrennte Entwicklungen in den sächsischen und thüringischen Räumen. Die Ernestiner, die die Kurwürde fortführten, behielten den größten Teil der Besitzungen. Es war ein zusammenhängendes Gebiet, das im Nordosten mit dem kursächsischen Areal einschließlich der Exklave Baruth begann und sich nach Süden über die Landbrücke des ehem. Osterlandes in den Altenburger Raum und weiter zum Vogtland und nach Thüringen fortsetzte. Der Herrschaftsbereich der Albertiner umfaßte dagegen den sächsisch-meißnischen Territorialkomplex, der die Gebiete zu beiden Seiten der Elbe von der böhmischen Grenze bis nördlich von Mühlberg zu den kursächsischen Landen, nach Westen bis zur Zwickauer Mulde einschloß. Hinzu kam im nördlichen Thüringen ein Gebietsstreifen zu beiden Seiten der Unstrut (vgl. Abb. 1).

Der Sieg des Kaisers über den protestantisch orientierten Schmalkaldischen Bund (Mühlberg, 1547) veränderte einschneidend den Territorialbesitz der beiden Herrscherlinien. Für sein kaiserliches Engagement bekam der Albertiner Moritz von Sachsen die Kurwürde, dazu große Landesteile aus der ernestinischen Herrschaft, vor allem das kursächsische Gebiet und den wichtigen zentralen Verbindungsstreifen zwischen den sächsischen und den thüringischen Landen. Nunmehr besaßen die Albertiner einen beachtlichen kompakten Landkomplex. Die Ernestiner behielten lediglich ihren thüringischen Besitz und schieden aus der weiteren kursächsischen Territorialentwicklung aus. Die Herrschaft Sagan und das Vogtland wurden an Böhmen abgetreten, d.h., sie gingen in den kaiserlichen, habsburgischen Besitz über. Bereits 1569 wurde das Vogtland jedoch von den Albertinern übernommen. Der mit dem Vertrag von Naumburg (1554) versuchte Ausgleich zwischen beiden Herrscherlinien brachte für die Albertiner die Bestätigung der Kurwürde; einige Areale in Ost- und Nordthüringen gelangten an die Ernestiner zurück.

Mit der Säkularisierung der Bistümer Naumburg, Merseburg und Meißen erzielten die Albertiner in der zweiten Hälfte des 16. Jh. weiteren Territorialzuwachs. Auch bemühten sie sich im südlichen Thüringen Fuß zu fassen. 1567, endgültig 1660, wurden die später den Neustädtischen Kreis bildenden sog. assekurierten Ämter im Orlatal zwischen Saale und Elster von den Ernestinern als Pfand überlassen. Auch wurde 1660 die gemeinsame Verwaltung des den Wettinern im südwestlichen Thüringen 1583 zugefallenen hennebergischen Erbfolgebesitzes aufgehoben, und ein Teilgebiet (mit Suhl und Schleusingen) ging in die alleinige Administration der Albertiner über.

Der Vertrag von Prag (1635), mit dem Kursachsen im Dreißigjährigen Krieg versuchte, sich aus dem Kampfgeschehen hinauszumanövrieren, brachte aus böhmischer, d.h. kaiserlicher Hand den Besitz der Niederlausitz (mit Ausnahme der brandenburgischen Herrschaften Cottbus und Peitz) und

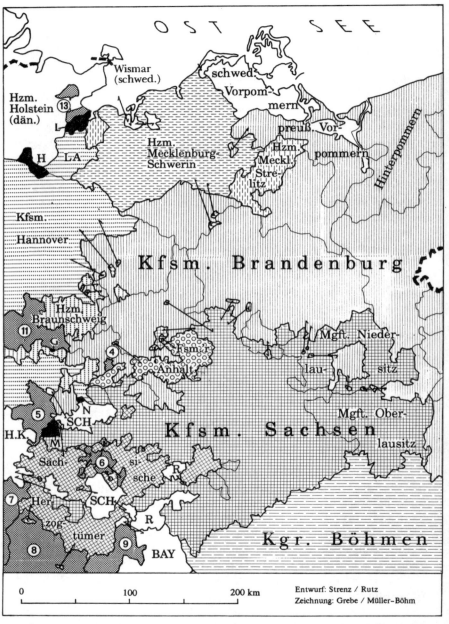

Abb. 2: *Die Territorien auf dem Gebiet der neuen Bundesländer am Ende des 18. Jh. (1789) (Quelle: Westermann: Großer Atlas zur Weltgeschichte, 8. Auflage. Braunschweig 1972, Kt. 122/123).*

Zeichenerklärung

- - - - - Reichsgrenze

────── Territorialgrenze

────── sonstige Grenze

▦	Brandenburgisch-preußische Gebiete
▤	Habsburgische Gebiete
▦	Kfsm. Sachsen
▩	Sächsische Herzogtümer
▦	Fsm'r Anhalt
▦	Kfsm. Hannover / LA Hzm. Lauenburg
▦	Hzm. Braunschweig
▤	Hzm. Mecklenburg-Schwerin
▦	Hzm. Mecklenburg-Strelitz

Geistliche Territorien
4 Abtei Quedlinburg
5 zum Erzbm. Mainz (Eichsfeld)
6 zum Erzbm. Mainz (Erfurt)
7 Bm. Fulda
8 Bm. Würzburg
9 Bm. Bamberg
11 Bm. Hildesheim
13 Bm. Lübeck

Sonstige Territorien
SCH Gft.'n Schwarzburg
R   Gft.'n Reuß
H.K. Ldgft. Hessen-Kassel
BAY Fsm. Bayreuth

Reichsstädte
L Lübeck
G Goslar
H Hamburg
M Mühlhausen
N Nordhausen

der Oberlausitz sowie vom Erzstift Magdeburg das Fsm. Querfurt mit den beiden Gebieten Querfurt und Jüterbog. Mit dem Zugewinn der Lausitz wurde erneut die Oderlinie erreicht. Die Ausdehnungsbestrebungen in Richtung untere Elbe zeitigten keinen Erfolg. Im Westfälischen Frieden (1648) verzichtete Kursachsen als Erbanwärter zugunsten Brandenburgs auf die Hauptgebiete des Erzstiftes Magdeburg. Vereinnahmt wurde hingegen 1659 ein Teil der Gft. Barby. Im 18. Jh. erfuhr das sächsische Territorium noch eine Abrundung, als jeweils durch Verträge 1740 die Schönburgischen Herrschaften, 1780 Teile der mansfeldischen Grafschaft erworben wurden.

Nördlich von Sachsen war der brandenburgisch-preußische Staat mehr und mehr zu einem bedeutenden unmittelbaren Territorialnachbar geworden. Im Frieden zu Hubertusburg (1763), der den Siebenjährigen Krieg beendete, konnte Sachsen seine Souveränität gegenüber preußischen Annexionsgelüsten bewahren. Nach der Schlacht von Jena und Auerstedt (1806) aus der Allianz mit Preußen gegen Napoleon ausgeschert, trat Kursachsen im Frieden von Posen im gleichen Jahr dem unter französischer Protektion gebildeten Rheinbund bei und wurde von dem Korsen in den Rang eines Königreiches erhoben. An das neugegründete Kgr. Westfalen mußte es lediglich einige kleinere Gebietsteile im Südharzbereich sowie im Elbe-/Saalegebiet abtreten, bekam nach dem Frieden von Tilsit (1807) aber die preußische Enklave des Cottbusser Kreises innerhalb der Niederlausitz zugesprochen und besetzte 1809 die böhmischen Enklaven in der Oberlausitz.

2.2.2 Thüringen

Thüringen, die Landschaft zwischen Werra und Elster, zwischen Thüringer mit Frankenwald und dem Harz mit dem Kyffhäusergebirge, war bis in das 20. Jh. hinein keine territorial zusammenhängende Einheit, sondern in zahlreiche Staaten und Staatsteile aufgesplittert. Erhebliche Flächenanteile waren über Jahrhunderte an das östliche Nachbarland Sachsen angebunden, wurden dann dem preußischen Territorium einverleibt, so daß diese Gebiete weitgehend in die politische Entwicklung jener Staaten integriert waren.

Der seit dem 6. Jh. hier siedelnde germanische Stamm der Thüringer formierte ein erstes Staatsgebilde. Über das eigentliche Thüringen hinausgreifend, reichte es nach Norden bis zur Aller und Ohre im nördlichen Harzvorland, im Süden bis zum Main, nach Osten bis zur Saale als dem damaligen Grenzfluß zwischen Germanen und Slawen. 531 wurde es durch das Frankenreich zerstört; der Raum geriet unter fränkischen Einfluß. Mit der Christianisierung (Bonifatius) erfolgte in Ohrdruf die erste Klostergründung (725).

In diesem Grenzgebiet gegen die Sorben gründete Kaiser Karl der Große um 804 eine Markgrafschaft, die nach dem Verfall des Karolingerreiches unter den Einfluß der Sachsenherzöge geriet. Von ihren am Westrand des Harzes gelegenen Besitzungen aus gewannen im 10. Jh. die Liudolfinger zeitweilig Einfluß auf die thüringischen Gebiete.

In der Rivalität der lokalen gräflichen Geschlechter gelang es dem aus dem Mittelmaingebiet zugewanderten Geschlecht der Ludowinger, sich von ihrem im Thüringer Wald bei Friedrichroda gelegenen Sitz Schauenburg (erbaut 1044) aus im west- (Wartburg bei Eisenach, erbaut 1067) und nordthüringischen Raum im Gebiet der Unstrut (Neuenburg bei Freyburg, errichtet 1062) festzusetzen. 1180 wurde die Pfalzgft. Sachsen erworben und der Einflußbereich damit auf den Raum nördlich der Unstrut ausgedehnt. 1130 mit der Würde von Landgrafen von Thüringen ausgestattet, gelang es ihnen jedoch nicht, das entsprechende Areal machtpolitisch zu beherrschen. Mit dem Aussterben der Ludowinger (1247) ging nach einem Erbfolgekrieg (1264), bei dem die thüringisch-hessische Grenze u. a. im Eisenacher Raum markiert wurde, deren Territorialbesitz an die Wettiner über, die damit für Jahrhunderte Einfluß auf die Entwicklung der thüringischen Lande erhielten.

Gegen den Widerstand des eingesessenen Adels, unter denen die Grafen von Schwarzburg die stärksten Rivalen waren, vermochten sich die Wettiner anfänglich nur schwer zu behaupten. Mitte des 14. Jh. gelang es den Landgrafen, für kurze Zeit die Lehnshoheit über die übrigen thüringischen Geschlechter zu erlangen. Die Einverleibung der Gft. Orlamünde (1342) bedeutete einen beträchtlichen Territorialgewinn zu beiden Seiten der Saale zwischen der Ilm bis zur Elster, desgl. die Erwerbung der Pflege Coburg aus dem hennebergischen Besitz (1353) ein Ausweiten über den Thüringer Wald hinaus nach Süden in das mainfränkische Gebiet. Es gelang jedoch nicht, einen halbwegs geschlossenen Territorialstaat aufzubauen.

Mit der wettinischen Erbteilung (1485) in die Linien der Albertiner und der Ernestiner begann für das thüringische Gebiet eine Entwicklung, die noch Jahrhunderte später Einfluß auf die Territorialstruktur besaß. Bei jener Erbteilung wurde die Landschaft durch eine Grenzziehung in ost-westlicher Richtung in zwei ungleiche Teile zerschnitten. Den gebietsmäßig größeren Anteil sicherten sich die Ernestiner mit den zentral- und südthüringischen Besitzungen um Eisenach, Gotha, Weimar, Saalfeld und Coburg sowie dem Vogtland, während die Albertiner lediglich den kleineren nordthüringischen Raum im Unstrutbereich mit der Fortsetzung nach Osten über Saale, Elster und Pleiße erhielten (vgl. Abb. 1).

Der Ausgang des Schmalkaldischen Krieges (1547) brachte für die Ernestiner infolge ihres Eintretens für die protestantische Reformation nicht nur den Verlust der Kurwürde, sondern dezimierte ihren Territorialbesitz und beschränkte den zukünftigen Herrschaftsbereich ausschließlich auf die thüringischen Ämter. Im Vertrag von Naumburg (1554) erhielten die Ernestiner mit dem Altenburger und Eisenberger Raum in Ostthüringen, mit den Gebieten um Allstedt und Oldisleben im Unstrutbereich einige ehemalige Herrschaftsgebiete zurück. Das Vogtland gelangte jedoch in die Hand der Albertiner (1569).

Nach dem Aussterben der hennebergischen Dynastie (1583) kam das zu beiden Seiten der Werra im südwestlichen Thüringen gelegene Territorium mit dem größten Teil unter die gemeinsame Hoheit der Wettiner; ein kleiner Teil um Schmalkalden fiel an die Ldgft. Hessen. 1660 übernahmen die Albertiner das Gebiet um Suhl und Schleusingen und erhielten damit auch im südwestthüringischen Raum eine eigene territoriale Position, während die Ernestiner sich das links der Werra gelegene Gebiet um Meiningen, daneben einen Gebietsstreifen an der Nordseite des Thüringer Waldes mit Ilmenau sicherten. Diese Erwerbung war der letzte größere Gebietszuwachs der Ernestiner. Im gleichen Jahr wurden die dem albertinischen Kurfürsten bereits 1567 als Pfand übergebenen sog. assekurierten Ämter im Orlatal (Südostthüringen) endgültig überlassen.

Während die Albertiner ihren Landbesitz im nördlichen Thüringen (im Unstrutbereich) und in den neuen Arealen im südthüringischen Raum (mit Suhl und dem im Orlatal entstehenden späteren Neustädtischen Kreis) festigten, führte eine neue Erbteilung (1572) zur Aufsplitterung des ernestinischen Hoheitsgebietes. Mit den fortan bestehenden beiden Linien Weimar und Coburg-Eisenach wurde eine territoriale Dispersion eingeleitet, die bis in das 20. Jh. andauerte und die es letztlich verhinderte, in Thüringen einen einheitlichen machtpolitischen Komplex entstehen zu lassen. Dadurch gelang es auch den übrigen Feudalgeschlechtern, ihre territoriale Selbständigkeit gegenüber den Wettinern bis zum Entstehen des unter anderen gesellschaftlichen Bedingungen sich formierenden thüringischen Einheitsstaates im 20. Jh. zu wahren.

Die Grafen von Schwarzburg, hervorgegangen aus einem auf der Käfernburg bei Arnstadt residierenden Adelsgeschlecht, waren ursprünglich im östlichen Thüringer Wald (im Tal der Schwarza mit Stammburg Schwarza) und seinem nördlichen Vorland ansässig. Im 14. Jh. erweiterten sie ihren Einflußbereich bis zur Saale und erwarben auch Gebiete im nördlichen Thüringen im Bereich der Hainleite. Nach verschiedenen Erbteilungen entstanden 1584 schließlich die beiden dominierenden Linien Schwarzburg-Rudolstadt und Schwarzburg-Sondershausen. Sie existierten bis in das 20. Jh. hinein und besaßen Gebietsanteile sowohl in der sog. Ober- (mit Arnstadt, Rudolstadt, Leutenberg) als auch in der sog. Unterherrschaft (mit Sondershausen, Frankenhausen).

In Südostthüringen zwischen oberer Saale und Elster hatten die Vögte von Weida ihre Ländereien. Als Grafen resp. Fürsten Reuß behaupteten sie über Jahrhunderte ihren angestammten Besitz. Nach dem Schmalkaldischen Krieg verloren sie wegen der Unterstützung der protestantischen Seite ihre vogtländischen Besitzungen an die Albertiner, bekamen jedoch im Thüringischen die Herrschaften Greiz (1560) und Gera (1562) zurück. Erbteilungen führten auch hier zu einer territorialen Aufsplitterung. Während die sog. ältere Linie seit 1768 eine territoriale Einheit bildete, war die sog. jüngere Linie im 18. Jh. in vier Teillinien Gera (bis 1802, anschließend gemeinsam verwaltet), Schleiz, Lobenstein und Ebersdorf untergliedert.

Dieses insgesamt recht buntscheckige Flächenkolorit wurde noch dadurch

2.2 Territorialentwicklung bis zum Wiener Kongreß

ergänzt, daß auch geistliche Gebiete an der Territorialentwicklung partizipierten. Seit dem Wirken von Bonifatius verfügte das Erzbistum Mainz in Zentralthüringen mit dem Gebiet um Erfurt, wobei die Stadt selbst erst 1664 der mainzischen Souveränität untergeordnet wurde, und in Nordwestthüringen mit dem Eichsfeld über Besitzungen. Die beiden seit dem 13. Jh. existierenden Reichsstädte Nordhausen und Mühlhausen besaßen machtpolitisch kein Gewicht. Über einen regionalen Städtebund mit anderen Orten sowie gemeinsam mit Erfurt als Mitglieder der Hanse suchten sie u. a. im 15. Jh. ihre politische Selbständigkeit gegenüber den größeren Territorialherrschaften zu behaupten (vgl. Abb. 2).

Bedeutende territoriale Veränderungen erfuhr Thüringen mit dem Deputationshauptschluß des Deutschen Reichstages 1803, durch den u. a. der preußische Staat im Austausch für seine an Frankreich verlorengegangenen linksrheinischen Besitzungen die geistlichen Territorien um Erfurt sowie auf dem Eichsfeld, ferner die Reichsstädte Nordhausen und Mühlhausen zugesprochen bekam. Zusammen mit dem bereits 1648 erworbenen Anteil der ehemaligen Gft. Hohenstein hatte Preußen in Nordwestthüringen sowie im Thüringer Becken nunmehr für einige Jahre einen beachtlichen Territorialbesitz.

Im Frieden zu Tilsit (1807) wurde das gesamte preußische Gebiet als Harzdepartement dem neugegründeten Kgr. Westfalen eingegliedert. Ausnahme bildete die Stadt Erfurt mit ihrem Umland, die aus strategischen Erwägungen unter direkte französische Verwaltung gestellt wurde. Die der Ldgft. Hessen-Kassel gehörende Gft. Schmalkalden war gleichfalls dem Kgr. Westfalen zugeordnet. Hingegen bewahrten die thüringischen Staaten durch ihre Neutralität im Kampf zwischen Frankreich und Preußen und durch ihren Beitritt zum Rheinbund (1807) ihre Souveränität in einer Zeit, als weitaus größere Territorien im deutschen Raum ihre Selbständigkeit verloren, ihr Gebiet in anderen Staaten aufging.

2.2.3 Provinz Sachsen und Anhalt

Die im mitteldeutschen Raum zu beiden Seiten des Harzes sich nach Osten bis über die Elbe erstreckende, im Norden die Altmark einbeziehende und nach Süden ins Thüringer Land hineinreichende, bis während des Zweiten Weltkrieges bestehende preußische Provinz Sachsen war in ihrer territorialen Substanz ein Resultat der Verhandlungen des Wiener Kongresses 1815. Preußische und vormalige sächsische Landesteile mit historisch unterschiedlichen Entwicklungen und gebietlichen Zuordnungen formierten diese politisch-administrative Einheit.

Im Norden des Betrachtungsgebietes existierte mit der Altmark das älteste Areal des brandenburgisch-preußischen Staates. Von dort, dem Kernstück der historischen Nordmark, drangen die Askanier in der ersten Hälfte des 12. Jh. über die Elbe in die von Slawen besiedelte Landschaft der Prignitz ein. Über die Jahrhunderte blieb die Altmark Bestandteil des sich entwickelnden brandenburgisch-preußischen Staates (vgl. Abb. 1).

Der Westfälische Frieden (1648) brachte für die brandenburgischen Hohenzollern im nördlichen Harzvorland beachtlichen Gebietszuwachs. So erwarb das Kfsm. Brandenburg das säkularisierte Bm. Halberstadt mit der dazugehörenden Gft. Aschersleben, ferner die Anwartschaft auf das Erzbm. Magdeburg, das zunächst noch weiter von einem Administrator aus dem Haus Wettin verwaltet wurde. Nach dessen Tod wurde das Erzbistum säkularisiert und 1680 ein kurfürstlich-brandenburgisches Territorium. Bereits seit Mitte des 15. Jh. von den Brandenburgern lehnsabhängig, brachte die Mediatisierung 1714 die endgültige Angliederung der Gft. Wernigerode an Brandenburg-Preußen. Damit war ein beachtlicher zusammenhängender Landkomplex von der Altmark bis zum nördlichen Harzrand und zu beiden Seiten im unteren Elbbereich bis zur Einmündung der Saale vorhanden, wo die anhaltischen Fürstentümer mit ihren Gebieten ein territoriales Zwischenglied zum südlich anschließenden wettinischen Sachsen bildeten.

Auch südlich des Harzes hatte der brandenburgische Staat 1648 Fuß gefaßt und einen Teil der Gft. Hohenstein (die Herrschaften Lohra und Klettenberg) erworben. Weiter östlich war 1680 längs der Saale der sog. Saalkreis (Halle) als bisherige Exklave des Erzbm. Magdeburg brandenburgisch geworden. Seit 1780 befand sich die benachbarte Gft. Mansfeld im gemeinsamen Besitz mit dem Haus Wettin. Im Gegensatz zur preußischen Landmasse nördlich des Harzes gehörten im 18. Jh. aber die größten Flächen südlich und östlich dieses Gebirges als Thüringischer und als Kurkreis zum kurfürstlich-sächsischen Territorium. Darüber hinaus existierten im Westen dieser Region die im 13. Jh. zu Reichsstädten erhobenen Orte Nordhausen und Mühlhausen sowie die bereits im 11. Jh. zum Erzbm. Mainz gehörenden beachtlichen Areale um Erfurt und auf dem Eichsfeld (vgl. Abb. 2).

Der zwischen dem Reich und Frankreich vereinbarte Vertrag zu Lunéville (1801) veränderte die Territorialsituation insbesondere infolge der Vereinbarung, daß mit Inbesitznahme der linksrheinischen Reichsgebiete durch Frankreich die betroffenen Einzelstaaten Gebietsentschädigungen durch Übernahme rechtsrheinisch gelegener vornehmlich geistlicher Besitzungen bekommen sollten. Als Ausgleich für die niederrheinischen Gebietsverluste besetzte Preußen 1802 nach einem Sondervertrag mit Frankreich – also noch vor dem Deputationshauptschluß 1803 – die kurmainzischen Areale auf dem Eichsfeld und um Erfurt (mit der Gft. Niedergleichen und den Herrschaften Blankenhain und Kranichfeld), ferner das Stift Quedlinburg sowie die Reichsstädte Nordhausen und Mühlhausen. Die vor allem im thüringischen

2.2 Territorialentwicklung bis zum Wiener Kongreß

Raum gelegenen Erwerbungen wurden zu einer neuen Verwaltungseinheit zusammengefaßt und von der Kriegs- und Domänenkammer in Heiligenstadt (Eichsfeld) verwaltet. In einem weiteren zwischen Preußen und Frankreich geschlossenen Vertrag (1806) erhielt Preußen das Kfsm. Hannover und damit im Südharzbereich auch den hannoverschen Anteil der Gft. Hohenstein (Ilfeld).

Nach der Niederlage der preußischen Armee bei Jena und Auerstedt (1806) verlor Preußen im Frieden zu Tilsit (1807) seine sämtlichen westelbischen Besitzungen. In dem zur Betrachtung stehenden Gebiet wurden diese komplett dem neugegründeten Kgr. Westfalen zugeordnet und in die Departements Elbe, Oker, Harz und Saale untergliedert. Die westlich der Elbe vorhandenen sächsischen Gebiete blieben sächsisches Territorium, lediglich die gemeinsam mit Preußen verwaltete Gft. Mansfeld sowie die zu beiden Seiten der Elbe im Mündungsbereich der Saale liegenden Exklaven Barby und Gommern wurden dem Kgr. Westfalen abgetreten.

Das am Ende des 18. Jh. von preußischen Gebieten im Norden und sächsischem Areal im Süden eingegrenzte anhaltische Territorium zwischem dem Fläming und dem östlichen Harz gehörte im 11. Jh. dem askanischen Grafengeschlecht und lag im Bereich der vormaligen Mark Geros. Vom Stammsitz beim heutigen Aschersleben (Burg Askanien) wurde das Land regiert, das u. a. bis in die spätere Altmark reichte. Ständige Kämpfe mit den östlich von Saale und Elbe wohnenden Slawen erweiterten den askanischen Einflußbereich schließlich bis zum Fläming. Albrecht der Bär setzte im 12. Jh. die Eroberungen slawischer Gebiete fort, erwarb die nördlich des Fläming liegende Landschaft Zauche und wurde mit der Nordmark (1134) belehnt, erhielt dazu die Territorialgewalt über die östlich angrenzenden späteren brandenburgischen Lande.

Nach dem Tode Albrechts (1170) übernahm bei der Erbteilung sein Sohn Bernhard wieder die askanischen Stammlande. Aus dem ehem. Herrschaftsbereich des geächteten Welfenherzogs Heinrichs des Löwen erwarb er 1180 das Hzm. Sachsen(-Wittenberg), das nach Aussterben der seit 1212 dort regierenden askanischen Nebenlinie 1423 an die Wettiner überging. 1322 wurde die anhaltische Gft. Aschersleben an das Bm. Halberstadt abgetreten. Seitdem bestand Anhalt räumlich aus zwei getrennten Teilen, von denen der größere östliche von der Elbe im Bereich der Einmündung der Mulde durchschnitten wurde, der kleinere westliche auf der Unterharzhochfläche lag (vgl. Abb. 1).

Bereits im 14. Jh. fast komplett von größeren Territorien umschlossen, seit dem 17. Jh. dann zunehmend von Brandenburg-Preußen, war für Anhalt seit jener Zeit Größe und Lage vorgegeben, Erbteilungen und Wiederzusammenlegungen markierten die Entwicklung des Landes. 1603 erfolgte die letzte größere Aufteilung auf die Linien Anhalt-Bernburg, -Dessau, -Köthen,

-Plötzkau und -Zerbst. Dabei galt stets das Seniorat, da Anhalt gegenüber dem Reich immer als ein einheitliches Lehen angesehen wurde. 1665 starb die Linie Anhalt-Köthen aus; das Gebiet wurde mit Anhalt-Plötzkau vereinigt und für beide Areale der Name Anhalt-Köthen weitergeführt. Als 1793 die Zerbster Regenten ausstarben, wurde das Gebiet 1797 unter die verbliebenen Linien aufgeteilt. 1807 trat das Gesamthaus dem Rheinbund bei.

2.2.4 Provinz Brandenburg mit Berlin

Das im Norddeutschen Tiefland rechts der Elbe, von Havel und Spree durchflossene, zwischen dem mecklenburgischen Landrücken im Norden und dem Höhenzug des Fläming im Süden gelegene und noch über die Oder östlich hinausgreifende Areal, d. h. das Territorium, das seit dem 19. Jh. bis 1945 im wesentlichen die preußische Provinz Brandenburg bildete, war seit dem 7. Jh. nach Abwanderung der Germanen von Slawen besiedelt worden. Zur Zeit des Karolingerreiches bildete die Elbe auch hier die Grenze zwischen beiden Völkern.

Von seinem sächsischen Herzogtum aus unternahm König Heinrich I. im beginnenden 10. Jh. Vorstöße in den slawischen Siedlungsraum. Sein Sohn Otto I. belehnte den Markgrafen Gero mit den eroberten Gebieten, der die Expansion nach Osten fortsetzte und bis zur Oder, nach Norden bis zur Peene vordrang. Das in Besitz genommene Territorium war jedoch von keiner Stabilität, und im großen Slawenaufstand von 983 wurden die ungebetenen Eindringlinge wieder vollständig vertrieben.

Erst die – besonders im 12. Jh. forcierte – Kreuzzugsideologie mit der Zielstellung, Anders(Un-)gläubige zum Christentum zu bekehren, bot mit der zeitlich gleichlaufenden Ostbewegung auf der Suche nach neuen Siedlungs- und Herrschaftsräumen Anlaß und Möglichkeit, neue Vorstöße zur Eroberung von ostelbischen Slawengebieten zu unternehmen. Der Askanier Albrecht (der Bär), der zwischen dem Harz und dem Fläming über einen ausgedehnten Landbesitz verfügte, erwarb hierbei um 1130 die südlich der Havel gelegene Landschaft Zauche. Mit der besitzvakanten Nordmark (der späteren Altmark) belehnt, eroberte er von seinen linkselbischen Besitzungen aus die östlich der Elbe gelegenen Landschaften der Prignitz und des Havellandes und bekam 1134 vom Kaiser auch die Territorialgewalt über die hinzugewonnenen Räume. Seit 1157 nannte er sich, wahrscheinlich in Anlehnung an die im 10. Jh. erbaute, dann im Slawenaufstand zerstörte Reichsburg im Ort Brandenburg, Markgraf von Brandenburg. Nach seinem Tode (1170) spaltete sich die Herrschaft in eine brandenburgische und eine anhaltische Linie.

Sein Sohn Otto I., der die brandenburgischen Gebiete übernahm, ver-

2.2 Territorialentwicklung bis zum Wiener Kongreß

band Ende des 12. Jh. die westlich der Elbe vorhandenen Ländereien mit den neuen ostelbischen Räumen und schob die Grenze nach Osten bis zur Havel-Nuthe-Linie mit den befestigten Grenzorten Spandau und Potsdam vor. Im 13. Jh. griff die Kolonisation über diese Linie hinaus. Im Kampf mit den Pommernherzögen wurden bis 1230 die Landschaften Barnim und Teltow angegliedert, bis 1250 die Uckermark und das westlich angrenzende Land Stargard (das nach 1300 an Mecklenburg verlorenging), wo 1248 der Ort Neubrandenburg als neue Siedlung entstand. Nach dem Überschreiten der Oder nördlich der Warthe drangen die Askanier längs der Netze nach Nordosten in das Gebiet der später so bezeichneten Neumark vor, deren Ausdehnung am Ende des 13. Jh. schließlich weit nach Pommern hinein über Dramburg bis nach Schivelbein reichte.

Parallel zu dieser Ausdehnung nördlich der Warthe war südlich davon in der Mitte des 13. Jh. das Land Lebus mit Sternberg zugewonnen, 1255 die Oberlausitz (das ehemalige Land Bautzen) von Böhmen erworben worden. 1291 gelang aus dem wettinischen Besitz die Angliederung des nördlichen Teiles der Mark Landsberg einschließlich der westlich angrenzenden Pfalzgft. Sachsen, desgleichen 1304 der Niederlausitz. 1305 kam sogar für kurze Zeit das Kernland der Wettiner, die Mgft. Meißen, als ein von der böhmischen Krone weitergegebenes Pfand unter die Hoheit der Askanier. Innerhalb von 100 Jahren war ein Territorialbesitz entstanden, der weit über die spätere Prov. Brandenburg hinausreichte.

Nach dem Aussterben der brandenburgischen Askanier (1320) begann ein territorialer Niedergang. 1324 wurde das Gebiet vom Kaiser als erledigtes Reichslehen eingezogen und der eigenen Hausmacht zugeschlagen. Die Wittelsbacher und auch die nachfolgenden Luxemburger betrachteten im Rahmen ihrer Besitzungen den brandenburgischen Raum aber im wesentlichen nur als Randgebiet, da die Kernlande mit Bayern resp. Böhmen in anderen geographischen Räumen lagen.

Gebietsverluste im Bereich der Markgrafschaft waren die Folge. Zeitweilig wurden von benachbarten Dynastien Teile der Altmark, Prignitz und Uckermark besetzt. In diesem Prozeß der territorialen Auflösung gingen altmärkische Flächen an das Erzbm. Magdeburg, im Bereich der Prignitz das Land Grabow an Mecklenburg und Teile der Uckermark mit Pasewalk (1354) an Pommern verloren. 1347 erwarben die Wettiner die Pfalzgft. Sachsen gemeinsam mit dem nördlichen Teil der Mark Landsberg zurück. Die Oberlausitz gelangte wieder nach Böhmen; die Niederlausitz kam für einige Jahre an die Wettiner, bis auch sie nach Böhmen (1367) verkauft wurde. Schließlich wurde die Neumark an den Deutschen Orden verpfändet (1402).

In dieser Periode des territorialen Zerfalls ernannte Kaiser Sigismund, der das Gebiet der Markgrafschaft als überkommenes Erbteil besaß, den

Burggrafen von Nürnberg aus dem Geschlecht der Hohenzollern zu seinem „Verweser" für die märkischen Besitzungen (1412). Die kaiserliche Belehnung erfolgte, verbunden mit der Kurwürde für das Territorium, 1415. Zum nunmehrigen Kfsm. Brandenburg gehörten damals die Mittelmark (mit den Landschaften Havelland, Barnim, Zauche, Teltow und Lebus), die Altmark, die Prignitz und der größte Teil der Uckermark, zusammen etwa 23 300 km².

Versuche, den Umfang der ehemaligen Markgrafschaft wiederherzustellen, führten noch im 15. Jh. zur weitgehenden Wiedererlangung der verlorengegangenen Anteile der Uckermark. Im Oderbereich kam es u. a. im Raum von Vierraden und Schwedt zur Gebietserweiterung (1479). Aus mecklenburgischer Hand konnte am Westrand der Uckermark die Vogtei Lychen (1442) zurückerworben werden. 1455 gelang die Wiedereingliederung der Neumark. Die Niederlausitz insgesamt wieder in Besitz zu nehmen scheiterte, doch blieben (1462) die Herrschaften Cottbus und Peitz bei Brandenburg, gemeinsam mit dem im südmärkischen Randgebiet liegenden Amt Teupitz und dem Ländchen Bärwalde. Im sog. Glogauer Erbfolgestreit kamen 1482 die niederschlesischen Ämter Crossen, Züllichau, Bobersberg und Sommerfeld zunächst als von Böhmen verpfändete Gebiete nach Brandenburg, bis 1537 hierfür die kaiserliche Belehnung ausgesprochen wurde. 1490 schließlich erfolgte die Angliederung der bislang böhmischen Herrschaft Zossen. Die territoriale Ausdehnung nach Südosten in den böhmischen, d. h. kaiserlichen Herrschaftsbereich ist deutlich erkennbar (Abb. 1).

Während des 16. Jh. kam es zu Gebietserweiterungen mit der endgültigen Einvernahme der Gft. Ruppin (1524), ferner mit dem Ankauf der Herrschaften Beeskow und Storkow als böhmische Lehen nach Säkularisierung und Auflösung des Bm. Lebus (1555). Mit der Erwerbung eines südlich der Mittelmark von der oberen Nuthe durchflossenen Gebietes als Teil des säkularisierten Erzbm. Magdeburg (1680) sowie Ende des 17., endgültig dann im 18. Jh., des östlich der Oder gelegenen Kreises Schwiebus war das Hohenzollern-Territorium in diesem Raum bis zum beginnenden 19. Jh. markiert.

Der militärische Zusammenbruch des preußischen Staates brachte auch für die kurmärkische Region beträchtliche Gebietsveränderungen. Im Frieden zu Tilsit (1807) verlor Preußen sämtliche Besitzungen westlich der Elbe. Für die Kurmark bedeutete das die Abtrennung der Altmark, die dem neugegründeten Kgr. Westfalen eingegliedert wurde. Ferner mußte der Kreis Cottbus (d. h. die Ämter Cottbus und Peitz) als preußische Enklave in der Niederlausitz an das wettinische Sachsen abgetreten werden (Abb. 2).

2.2.5 Mecklenburg und Region Vorpommern

Wie in den übrigen ostelbischen Landen waren im Gebiet zwischen Ostsee und Elde östlich der holsteinischen Seenplatte nach Abwanderung der germanischen Vorsiedler ebenfalls slawische Stämme nachgerückt. Auch hier begann der Sachsenherzog und deutsche König Heinrich I. im beginnenden 10. Jh. mit der Unterwerfung der slawischen Völker. Sein Sohn, Otto I., setzte die Eroberungen fort. Das Gebiet zwischen Elde und der Ostseeküste, nach Osten bis zur Peene reichend, wurde als Grenzmark organisiert und von Hermann Billung, dem ersten Markgrafen, verwaltet. Immer wiederkehrende Aufstände der Slawen verhinderten die territoriale Eingliederung in das Reich.

Erst Herzog Heinrich dem Löwen gelang es, in der zweiten Hälfte des 12. Jh. im mecklenburgischen Raum festen Fuß zu fassen. Er begründete verschiedene Grafschaften (u. a. die Gft.n Dannenberg und Schwerin) und die Bm.r Ratzeburg und Schwerin, um so Stützpunkte und Ausgangspositionen für ein weiteres Vordringen zu bekommen. Ende des 12. Jh. bemächtigten sich die Dänen dieser Landstriche; die slawischen Obotriten gelangten unter ihre Lehnshoheit. Die während der Dänenherrschaft im holsteinmecklenburgischen Übergangsgebiet vorgenommenen Gebietsregulierungen skizzierten bereits den westlichen Grenzverlauf des späteren Mecklenburg. Nach der Schlacht bei Bornhöved (1227) endete die dänische Oberherrschaft, und das Obotritenland geriet erneut unter (nieder-)sächsischen Einfluß.

1229 teilten die Urenkel Heinrichs des Löwen das Obotritenland unter sich auf. Vier Herrschaften – Mecklenburg, Rostock, Parchim und Werle (benannt nach einer Burg an der Warnow unterhalb von Bützow) – entstanden, die in den nächsten 200 Jahren mit gebietlichen Veränderungen, gemeinsam mit den Gft.n Dannenberg und Schwerin sowie den Bm.n Schwerin und Ratzeburg, die territoriale Entwicklung des Landes bestimmten. Während die Häuser Parchim und Rostock ausstarben und Werle relativ bedeutungslos blieb, behauptete sich die Herrschaft Mecklenburg.

Sie bekam 1276 die südlich des Müritz-Sees gelegene Region Wesenberg sowie das Land Lychen als märkische Lehen und erhielt im Kampf um die Abgrenzung der Einflußbereiche gegenüber Brandenburg das Land Lychen (1317). Die Versuche, nach dem Aussterben der brandenburgischen Askanier sich auch in der Altmark, Prignitz und Uckermark festzusetzen, blieben erfolglos. Lediglich das Amt Grabow südlich der Elde am Rand der Prignitz wurde erworben. Mit den Gebietsveränderungen gegenüber der Mark Brandenburg waren die zukünftigen Grenzverläufe im Süden und Osten vorgezeichnet. Zu Beginn des 14. Jh. gelang auch die Inbesitznahme der

Herrschaft Rostock als dänisches Pfandlehen. Damit gehörte die gesamte mecklenburgische Ostseeküste zur Herrschaft Mecklenburg.

Infolge Parteinahme für den Kaiser erhielten Albrecht II. wie auch sein Bruder Johann den Herzogstitel (1348); sie wurden damit zu Reichsfürsten. Albrecht II. gliederte seinem Herrschaftsbereich die Gft. Schwerin (1358) und den rechtselbischen Teil der Gft. Dannenberg (1372) ein und erweiterte ihn dadurch beträchtlich. Das Territorium des nunmehrigen Hzm. Mecklenburg-Schwerin umfaßte damit ein Areal, das zum einen den gesamten Ostseeküstensaum mit Hinterland, das gesamte westlich der Warnow gelegene Land sowie den zu beiden Seiten der Elde vorhandenen Gebietsstreifen von der Elbe bis etwa zum Ort Parchim einschloß. Zum anderen gehörte dazu, durch Einzelterritorien der werleschen Linie abgetrennt, das Gebiet zwischen Neubrandenburg und Lychen östlich des Müritz-Sees, in dem seit 1352 die Stargarder Linie, begründet vom o. g. Johann, regierte (Abb. 1).

Nach dem Aussterben der werleschen Linie (1436) setzte sich das mecklenburgische Haus gegenüber den brandenburgischen Ansprüchen zwar durch, mußte jedoch im Vertrag von Wittstock (1442) das Fortbestehen der brandenburgischen Anwartschaft auf ganz Mecklenburg anerkennen und das zu Beginn des 14. Jh. als märkisches Lehen erworbene Amt Lychen zurückgeben. Nach dem Erlöschen der Stargarder Linie (1471) umfaßte das Herzogtum eine Fläche, die in etwa der im 20. Jh. vorhandenen entsprach.

Der Neubrandenburger Hausvertrag (1520) führte zu einer erneuten Teilung des Landes, die 1555 mit der Formierung der beiden Teile Mecklenburg-Schwerin und -Güstrow durchgeführt und erst 1621 zur vollen Realität wurde. Gemeinsames Organ blieb der mecklenburgische Landtag; er versammelte sich abwechselnd auf Schweriner (Sternberg) und Güstrower (Malchin) Territorium. Im Westfälischen Frieden (1648) verlor Mecklenburg-Schwerin die Hafenstadt Wismar sowie die Ämter Poel und Neukloster an das kriegsbeteiligte Schweden, erhielt aber die Bsm.r Schwerin und Ratzeburg nach Säkularisation zugesprochen.

1695 starb die Güstrower Linie aus, und 1701 wurde Mecklenburg im Hamburger Vertrag letztmals geteilt. Das Land Stargard im östlichen Teil und das im Nordwesten gelegene Fsm. Ratzeburg – zwei über 100 km voneinander entfernt liegende Gebiete von sehr unterschiedlicher Größenordnung – wurden zu Mecklenburg-Strelitz zusammengefaßt. Für das weitaus größere und zusammenhängende Gebiet bürgerte sich der Name Mecklenburg-Schwerin ein (nach den jeweiligen Residenzorten) (vgl. Abb. 2).

Der Reichsdeputationshauptschluß (1803) brachte für Mecklenburg-Schwerin kaum, für Mecklenburg-Strelitz keine territorialen Veränderungen. Mecklenburg-Schwerin bekam die 1648 verlorenen Gebiete als schwedisches Pfand zurück; nach Ablauf der Frist 1903 wurde auf eine Einlösung verzichtet. Beide Staaten traten 1808 dem Rheinbund bei. Die napo-

2.2 Territorialentwicklung bis zum Wiener Kongreß

leonische Epoche überstanden sie ohne Landverlust, bekamen aber auch keinen Landzuwachs.

Das 1945 dem Land Mecklenburg angegliederte westlich der Oder gelegene Gebiet war historisch ein Teil des slawischen Hzm. Pommern, das sich im 12. Jh. im Ostseeküstenbereich herausbildete. In seiner Ausdehnung reichte es nach Westen über die Oder hinaus bis zur Insel Usedom und in den Raum der heutigen Orte Wolgast und Demmin, nach Osten erstreckte es sich über die Persante hinweg bis in die Gegend des heutigen Koszalin (Köslin), und südlich anschließend waren die brandenburgischen Askanier die Nachbarn. Nördlich benachbart existierte das Fsm. Rügen, das nach Erlöschen der Herrscherlinie (1325) zunächst mit einer pommerschen Teillinie zusammengeschlossen, 1478 dann mit dem Gesamtgebiet Pommern vereinigt wurde. Im Unterschied zu den östlich der Oder gelegenen Flächen, die später als Hinterpommern bezeichnet wurden, bürgerte sich für das Areal westlich der Oder der Name Vorpommern ein.

1181 war das Hzm. Pommern in den Reichsverband aufgenommen worden. Die kaiserliche Belehnung der brandenburgischen Askanier mit den pommerschen Gebieten provozierte immer wieder Auseinandersetzungen mit den pommerschen Herzögen, die mit Unterbrechungen über Jahrhunderte anhielten und zu Gebietsabtretungen führten. Erst im Grimnitzer Vertrag (1529) verzichtete das Kfsm. Brandenburg auf seine Lehnshoheit gegenüber Pommern, dagegen nicht auf die Erbfolge, die am Ende des Dreißigjährigen Krieges nach Aussterben des pommerschen Herzogsgeschlechtes für Hinterpommern angetreten wurde (Abb. 1).

Bei jener Aufteilung (1648) des pommerschen Territoriums sicherte sich Schweden Vorpommern mit dem wichtigen Hafen und Verkehrspunkt Stettin an der Odermündung, den Oderhaffinseln Usedom und Wollin einschließlich eines strategischen Sicherungsstreifens östlich der Oder. Diesen mußte es aber bereits 1679 im Friedensschluß zu St.-Germain an Brandenburg übergeben. Im Vertrag von Stockholm (1720), der den Nordischen Krieg abschloß, konnte Brandenburg-Preußen seine territorialen Forderungen hinsichtlich Vorpommern teilweise durchsetzen. Gegen eine finanzielle Abfindung erhielt es von Schweden den südlichen Teil Vorpommerns zwischen Oder und Peene einschließlich der Inseln Usedom und Wollin; ein Areal, für das zukünftig die Bezeichnung Alt-Vorpommern verwendet wurde (Abb. 2).

Das verbleibende schwedisch-vorpommersche Gebiet stand während der napoleonischen Zeit unter direkter französischer Verwaltung.

2.3 Die Territorialentwicklung im 19. und 20. Jh. (bis zur Formierung der Länder nach dem Zweiten Weltkrieg)

2.3.1 Sachsen

Die pronapoleonische Haltung des sächsischen Monarchen und seine ablehnende Position, den zwischen Rußland und Preußen geschlossenen Vertrag von Kalisch (28. 2. 1813) zur Befreiung Deutschlands von der französischen Vorherrschaft beizutreten und ihn zu unterstützen, führten nach der Völkerschlacht bei Leipzig 1813 zum Zusammenbruch des sächsischen Staates. Der König wurde von den verbündeten Truppen gefangengenommen und bis 1815 im Schloß Friedrichsfelde (bei Berlin, heute: Berlin-Lichtenberg, Tierparkgelände) unter Hausarrest gestellt. Das Land wurde zunächst von einem russischen Generalgouverneur, dann von preußischen Administratoren verwaltet. Das Schicksal Sachsens schien besiegelt.

Auf dem Wiener Kongreß 1814/15 stand im Rahmen der territorialen Neustruktur Deutschlands die Zukunft des sächsischen Staates mit zur Diskussion. Als Ausgleich für die im Frieden zu Tilsit 1807 von Preußen zur Bildung des Hzm. Warschau (ein aus der Gunst Napoleons für den sächsischen König entstandenes Nebenland) und an Rußland abgetretenen Gebietsteile sollte nach Verabredung zwischen Preußen und Rußland die Entschädigung durch sächsische Areale vorgenommen werden. Preußische Forderungen, den sächsischen Staat insgesamt aufzulösen und sein Territorium vollständig dem eigenen Staat zuzuordnen, konnten sich gegen den Widerstand insbesondere von seiten Frankreichs, Englands und Österreichs nicht durchsetzen, da damit ein zu großer Machtzuwachs Preußens befürchtet wurde. Nach langen und schwierigen Verhandlungen einigte man sich auf eine enorme Flächenreduzierung Sachsens. Beachtliche Gebietsteile wurden an Preußen abgetreten (vgl. Übersicht 1); Sachsen als Staat blieb jedoch erhalten und wurde 1815 Mitglied des Deutschen Bundes.

Übersicht 1: Das Kgr. Sachsen vor und nach dem Wiener Kongreß 1815

Zeitraum	geogr. QM		km^2	Einwohner
vor 1815	650,19	△	35801,28	2043206
nach 1815 an Preußen abgetreten	378,51	△	20841,82	864404
(Rest-)Sachsen	271,68	△	14959,46	1178802

Quelle: Grundriß ... Verwaltungsgeschichte, a. a. O., Bd. 14, S. 10.

Nahezu 60% der Fläche und mehr als 40% der Bevölkerung wurden vom bisherigen sächsischen Territorialkörper abgetrennt und dem preußischen

Abb. 3: Die Territorien auf dem Gebiet der neuen Bundesländer in der ersten Hälfte des 19. Jh. (um 1830) (Quelle: Atlas von Europa, hrsg. von F. W. Streit. Berlin 1837, Ktn. 10, 13–15, 18, 19, 21–24, 26–29, 31–34, 43, 67; F. W. Putzgers Historischer Schulatlas, 50. Auflage, Bielefeld u. Leipzig 1931, Kt. 100/101; Atlas zur Geschichte, Bd. 1, 4. Auflage. Gotha 1989, Kt. 87 I).

Abb. 4: Die Territorien auf dem Gebiet der neuen Bundesländer vor Beginn des Zweiten Weltkrieges (1939) (Quelle: Die Verwaltungsbezirke des Deutschen Reichs nach dem Stand vom 1. Juni 1939 [Karte]. – Aus: Amtliches Gemeindeverzeichnis für das Deutsche Reich auf Grund der Volkszählung 1939, 2. Auflage. Berlin 1941, Beilage).

2.3 Territorialentwicklung im 19. und 20. Jahrhundert

Staat zugeordnet (das ernestinische Ghzm. Sachsen-Weimar-Eisenach partizipierte daran). Sachsen verlor damals vollständig den Wittenbergischen (Kur-)Kreis, den Neustädtischen und den Thüringischen Kreis, die Gft. Henneberg-Schleusingen und die Niederlausitz. Von der Oberlausitz wurde der nordöstliche Teil abgetrennt, desgleichen einige Areale vom Leipziger und vom Meißnischen Kreis. Dem so verkleinerten Königreich verblieben neben dem Kern seines Territoriums, d. h. der historischen Burg- und Markgrafschaft Meißen, nur die Gebiete des Erzgebirgischen und des Vogtländischen Kreises, die größeren Restflächen des Leipziger und des Meißnischen Kreises sowie die westliche Oberlausitz. Damit war im wesentlichen der Gebietsumfang erreicht, der in dieser Konfiguration dann bis zum Ende des Zweiten Weltkrieges existierte (Abb. 3 u. 4).

Alle weiteren bis zum Ende des Zweiten Weltkrieges durchgeführten Territorialveränderungen hatten lediglich örtlichen Charakter und betrafen vor allem Grenzregulierungen und lokale Gebietsaustausche.

Verhandlungen mit der böhmischen Administration, d. h. mit Österreich, über Grenzregulierungen im Oberlausitzer Bereich führten 1845 bzw. 1849 zur endgültigen Übernahme auch der ehemaligen böhmischen Enklaven Schirgiswalde und Niederleutersdorf (b. Großschönau) im Austausch noch bestehender sächsischer Exklaven auf der böhmischen Seite östlich von Zittau im sog. Friedländer Zipfel. 1846 wurde die bislang zu Sachsen-Weimar-Eisenach gehörende Enklave von Teichwolframsdorf an der westsächsischen Grenze (westlich von Werdau) übernommen. Das sächsische Territorium vergrößerte sich dadurch geringfügig auf 272,29 geogr. QM (≙ 14 993 km^2).

Zwischen Sachsen und dem Land Thüringen fand 1928 ein Gebietsaustausch statt, der sich auf der sächsischen Seite auf das Stadtgebiet Meerane und auf die Amtshauptmannschaften Borna, Chemnitz, Glauchau, Werdau und Plauen erstreckte, in Thüringen den Raum östlich von Gera erfaßte und im wesentlichen den Austausch von noch bestehenden gegenseitigen Ex- und Enklaven im ostthüringischen/westsächsischen Raum zum Inhalt hatte. 1938/39 gab es einen örtlich begrenzten Gebietsaustausch mit der Tschechoslowakischen Republik im Bereich der Amtshauptmannschaft Oelsnitz/Vogtland, der aber lediglich Flurstücke betraf. Zu erwähnen wären schließlich noch die in den Jahren 1940/41 verabredeten lokalen Grenzveränderungen mit Preußen (Prov. Sachsen) im Bereich der nunmehrigen Landkreise Leipzig und Grimma.

Den durch den Wiener Kongreß erlittenen überaus beträchtlichen Territorialverlust an Preußen hatte Sachsen in den folgenden Jahrzehnten nicht vergessen und seine Politik danach ausgerichtet. An einem ungehinderten Zugang zu den außersächsischen Märkten zwecks Rohstoffbezug und Absatz der eigenen Produkte primär interessiert, initiierte Sachsen zusammen mit anderen Staaten gegen den preußischen Zollverband 1828 den Mitteldeutschen Handelsverein. Nach einigen Jahren seines Bestehens löste sich dieser 1831 jedoch wieder auf. Aber erst nachdem auch die Länder des angrenzenden süddeutschen Zollvereins dem unter preußischer Vorherrschaft bestehenden Zollverein beigetreten waren und Sachsen für sich keinen Ausweg mehr sah, vollzog es 1833 ebenfalls diesen Schritt.

Im deutschen Bruderkrieg 1866 stand Sachsen an der Seite Österreichs mit dem Ergebnis, daß das sächsische Territorium abermals von preußischen Truppen besetzt und als ein erobertes Land angesehen wurde. Nach dem Sieg Preußens bei Königgrätz mußte Sachsen deshalb erneut um seine politische Selbständigkeit fürchten. Im Präliminarfrieden von Nikolsburg (1866) gelang es dem österreichischen Kaiser Franz Joseph, die territoriale Integrität Sachsens gegenüber den neuerlichen preußischen Annexionsversuchen zu bewahren, wenngleich Sachsen sich u. a. verpflichten mußte, dem Norddeutschen Bund mit Preußen als Hegemonialmacht beizutreten.

Nach dem Ersten Weltkrieg zeigten sich 1918/19 – ähnlich wie auch in den Jahren nach dem Zweiten Weltkrieg – innerhalb der sorbischen Bevölkerung der Lausitz nationalistische Bestrebungen. Entstehen sollte ein eigener und selbständiger Staat der Sorben, als dessen Wortführer besonders der konservative sächsische Landtagsabgeordnete Georg Barth hervortrat. Mit tschechischer Unterstützung gelang es ihm, die sog. Wendenfrage bis vor die Pariser Nachkriegskonferenzen zu bringen, doch blieb ihm der entsprechende Erfolg versagt.

Mit dem Gesetz über den Neuaufbau des Reiches vom 30. Januar 1934, das die parlamentarischen Volksvertretungen der Länder auflöste, die Länderregierungen unter die Reichsregierung stellte und lediglich als Vollzugsorgan bestehenließ, endete auch für Sachsen die verfassungsrechtliche Selbständigkeit. Das Land bekam nach dem Reichsstatthaltergesetz (7. 4. 1933) zur Aufsicht einen Reichsbeauftragten, den nationalsozialistischen Gauleiter.

Nach dem Beschluß der Alliierten auf der Konferenz in Jalta 1944 wurde auf der Potsdamer Konferenz 1945 das östlich der Lausitzer Neiße gelegene sächsische Hoheitsgebiet (Teil des Kreises Zittau mit 135 km^2) Polen zur Verwaltung übergeben. Die westlich der Lausitzer Neiße gelegenen Areale der bislang zu Niederschlesien gehörenden Teile der preußischen Oberlausitz (Kreis Hoyerswerda, Teile der Kreise Rothenburg und Görlitz [Stadt und Land] mit 2190 km^2) wurden bei der Errichtung des Landes Sachsen am 9. Juli 1945 angegliedert. Bevor das Land Sachsen in seiner Gesamtheit am 1. Juli 1945 Bestandteil der sowjetischen Besatzungszone wurde, waren die vorher von den Amerikanern besetzten westsächsischen Flächen in das Verwaltungsgebiet der neugegründeten Provinz Thüringen einbezogen worden.

Übersicht 2: Politisch-administrative Gliederung des Landes Sachsen 1939

Regierungsbezirk	km²	Einwohner
Regbz. Chemnitz 3 Stadtkreise: Chemnitz, Glauchau, Meerane; 6 Landkreise: Annaberg, Chemnitz, Flöha, Glauchau, Marienberg, Stollberg	2 112,05	1 032 605
Regbz. Dresden–Bautzen 9 Stadtkreise: Bautzen, Dresden, Freiberg, Freital, Meißen, Pirna, Radebeul, Riesa, Zittau; 10 Landkreise: Bautzen, Dippoldiswalde, Dresden, Freiberg, Großenhain, Kamenz, Löbau, Meißen, Pirna, Zittau	6 808,40	1 947 402
Regbz. Leipzig 4 Stadtkreise: Döbeln, Leipzig, Mittweida, Wurzen; 6 Landkreise: Borna, Döbeln, Grimma, Leipzig, Oschatz, Rochlitz	3 561,69	1 393 050
Regbz. Zwickau 6 Stadtkreise: Aue, Crimmitschau, Plauen, Reichenbach, Werdau, Zwickau; 5 Landkreise: Auerbach, Oelsnitz, Plauen, Schwarzenberg, Zwickau	2 512,56	858 682
Land Sachsen	14 994,70	5 231 739

Quelle: Volkszählung 1939 (StDR 552,1), a. a. O., S. 108–113.

2.3.2 Thüringen

Nach dem Sieg der verbündeten Truppen über die napoleonische Armee in der Schlacht bei Leipzig (1813) zerfiel das Kgr. Westfalen, und der Rheinbund löste sich auf. Der Wiener Kongreß (1815) ordnete auch im thüringischen Raum die Territorialstrukturen neu.

Preußen bekam alle Gebiete zurück, die bis 1805 in seinem Besitz gewesen waren mit Ausnahme der im Erfurter Raum gelegenen ehemaligen erzbischöflich-mainzischen Herrschaften Blankenhain und Kranichfeld, die von Sachsen-Weimar-Eisenach übernommen wurden. Der erst 1806 erworbene Teil der Gft. Hohenstein (mit Ilfeld) kam an das in der Zwischenzeit zum Königreich avancierte Hannover zurück. Außerdem tauschte

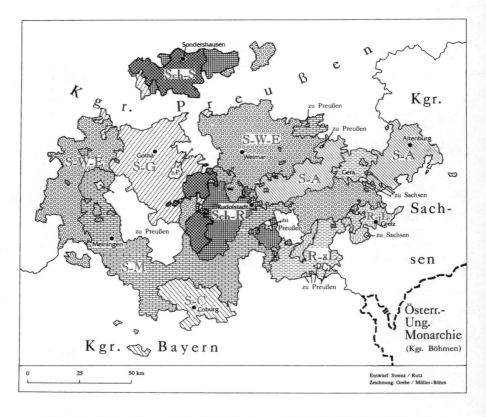

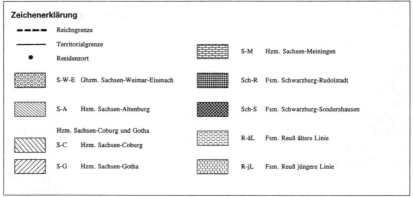

Abb. 5: Die Territorien der thüringischen Staaten am Ende des 19. Jh. (Quelle: Andrees Allgemeiner Handatlas, 3. Auflage. Bielefeld u. Leipzig 1896, Kt. 27/28; Sächsische Herzogtümer, Fürstentümer Schwarzburg und Reuß [Karte]. – Aus: Meyers Großes Konversations-Lexikon, 6. Auflage. Leipzig u. Wien 1909, Bd. 17, zw. S. 388/389).

Preußen einen Teil des Eichsfeldes (das sog. Untereichsfeld um Duderstadt, ein im 14. Jh. vom damaligen Fsm. Grubenhagen – jetzt zu Hannover gehörend – an die Erzbischöfe von Mainz verpfändetes Gebiet) gegen bislang hannoversche Exklaven im sog. (preußisch bleibenden) Obereichsfeld aus.

Nach dem Beschluß des Wiener Kongresses erhielt Preußen als Neuerwerbung den gesamten thüringischen Besitz der wettinischen (sächsischen) Albertiner. Das betraf sowohl den zu beiden Seiten der Unstrut gelegenen Thüringischen Kreis als auch den Neustädtischen Kreis zwischen Saale und Elster. Ebenfalls übernommen wurde der aus der hennebergischen Erbschaft herrührende, von den Albertinern seit 1660 allein verwaltete Besitz um Suhl und Schleusingen auf dem Thüringer Wald. Mit diesen umfassenden Erwerbungen vor allem im nördlichen Thüringen, die bis in das Thüringer Becken reichten (Erfurt), darüber hinaus aber auch neue Positionen in Südthüringen aufbauten (Suhl und Ziegenrück), verfügte Preußen nunmehr über etwas mehr als ein Drittel der thüringischen Gesamtfläche.

Unter den thüringischen Kleinstaaten profitierte allein das zum Großherzogtum erhobene ernestinische Stammhaus Sachsen-Weimar-Eisenach mit Gebietserweiterungen. Aus dem abgetretenen Besitz der Albertiner erhielt es aus preußischer Hand 1815 den größten Teil des Neustädtischen Kreises, dessen Areal die Ernestiner nach dem Dreißigjährigen Krieg den Albertinern überlassen mußten. Mit dem entstehenden Kreis Ziegenrück sicherte sich Preußen jedoch eine Position im thüringischen Saalebereich. Zugesprochen wurden dem Großherzogtum ferner die dem Fsm. Weimar westlich benachbarten Herrschaften Blankenhain und Kranichfeld, und auch das Fsm. Eisenach bekam einen Arealzuwachs durch die Übernahme ehemals geistlicher Besitzungen um Dermbach und Geisa in der Rhön im Bereich des 1803 säkularisierten Bm. Fulda sowie einiger bislang hessischer Gebiete. Durch diese Gebietserwerbungen vergrößerte sich das Territorium des Großherzogtums um etwa 50% gegenüber seinem vorherigen Bestand.

Auch nach diesen Gebietsveränderungen blieb der größte Teil Mittel- und Südthüringens weiterhin territorial zersplittert und von den verschiedenen Herrschaftslinien der Ernestiner, Schwarzburger und Reußen beherrscht. Nirgendwo in Deutschland bestand zu jener Zeit noch eine derartige territorial und dynastisch durchmischte Gemengelage wie im thüringischen Raum. 1815 unterhielten als Mitglieder des Deutschen Bundes auf einer Fläche von ca. 12300 km^2 drei Gesamtdynastien 12 (!) Splitterstaaten (vgl. Übersicht 3). Hinzu kam, daß die Gft. Schmalkalden im Thüringer Wald als kurfürstlich-hessische Exklave fortbestand, das nunmehrige Kgr. Sachsen seinen Streubesitz in Ostthüringen bei Gera und Ronneburg behielt und auch die bayerische Exklave Kaulsdorf östlich von Saalfeld weiter existierte.

Über die Ergebnisse des Wiener Kongresses hinausreichend veränderte sich unmittelbar danach die politische Landkarte Thüringens weiter. Beide

Übersicht 3: Die thüringischen Staaten 1815

Ernestiner:	Ghzm. Sachsen-Weimar-Eisenach
	Hzm. Sachsen-Gotha-Altenburg
	Hzm. Sachsen-Meiningen
	Hzm. Sachsen-Hildburghausen
	Hzm. Sachsen-Coburg-Saalfeld
Schwarzburger:	Fsm. Schwarzburg-Rudolstadt
	Fsm. Schwarzburg-Sondershausen
Reußen:	Fsm. Reuß ältere Linie
	Fsm. Reuß-Gera ⎫
	Fsm. Reuß-Schleiz ⎬ Reuß jüngere Linie
	Fsm. Reuß-Lobenstein ⎪
	Fsm. Reuß-Ebersdorf ⎭

Quelle: Geschichte der deutschen Länder, a. a. O., Bd. 2, S. 501.

schwarzburgischen Fürstentümer mußten ihre Souveränität gegen bestehende preußische Ansprüche dadurch erkaufen, daß sie 1816/1819 eigene Landgebiete, so die bisherigen Exklaven vor allem im preußischen Teil der Gft. Hohenstein (Schwarzburg-Sondershausen) und die zwischen Harz und Kyffhäuser-Gebirge in der Goldenen Aue gelegenen Ämter Heringen und Kelbra (Schwarzburg-Rudolstadt) an den preußischen Staat abtraten. 1823 erfolgte ein Gebietsaustausch von Exklaven zwischen Schwarzburg-Rudolstadt und Sachsen-Gotha-Altenburg, als die südöstlich von Gotha gelegene schwarzburgische Gft. Untergleichen gegen die gothaischen Ämter Ilm und Paulinzella ausgetauscht wurden.

Durch einen zwischen den ernestinischen Linien verabredeten Hausvertrag hatte Sachsen-Weimar-Eisenach 1821 einen letzten nennenswerten Gebietszuwachs. Für das Amt Oldisleben (an der Unstrut, nördlich der Schmücke) wurde das Senioratsverhältnis aufgehoben, und das Gebiet wurde voll in das Großherzogtum integriert. 1846 übergab es die an der ostthüringischen Grenze (westlich von Werdau) vorhandene Exklave Teichwolframsdorf an das Kgr. Sachsen.

Als nach dem Tod des Herzogs Friedrich IV. von Sachsen-Gotha-Altenburg 1825 Erbfolgestreitigkeiten unter den ernestinischen Häusern Meiningen, Hildburghausen und Coburg-Saalfeld auszubrechen drohten, erfolgte ohne Beteiligung des Seniorhauses Weimar-Eisenach nach einem vom sächsischen König (einem Albertiner) erbetenen Schiedsspruch unter diesen Kleinstaaten eine bedeutende und weitgehende Neuverteilung des gesamten Areals. Dieses administrativ-territoriale Neuverteilen der einzelnen Gebiete führte jedoch nicht zu kompakteren Territorialeinheiten.

2.3 Territorialentwicklung im 19. und 20. Jahrhundert

Übersicht 4: Die Gebiete der drei neu entstandenen thüringischen Herzogtümer 1826

Hzm. Sachsen-Meiningen: Das bisherige Hzm. Meiningen mit seinen beiden Teilen Meiningen und Sonneberg, vergrößert um das Fsm. Saalfeld sowie den größten Teil des Fsm. Hildburghausen, zusätzlich einige coburgische, altenburgische und gothaische Ämter;

Hzm. Sachsen-Altenburg: Das bisherige Fsm. Altenburg, verkleinert um die Gebietsabtretungen an Sachsen-Meiningen;

Hzm. Sachsen-Coburg und Gotha: Die bisherigen Fsm.r Gotha und Coburg, vermehrt um kleinere Gebiete des Fsm. Hildburghausen, verkleinert um die Abtretungen an Sachsen-Meiningen. Beide Fürstentümer sind zukünftig in Personal- und nur in einer schwachen Realunion miteinander verbunden.

Quelle: Grundriß ... Verwaltungsgeschichte, a. a. O., Bd. 15, S. 5.

Die staatliche Zersplitterung in Thüringen bestand weiter. Jeder der vorhandenen Staaten verfügte zumindest über zwei räumlich voneinander getrennte Landeseinheiten. Aus den bisherigen vier entstanden drei Herzogtümer (vgl. Übersicht 4 u. Abb. 5).

Nach Vakanz des Herrscherstuhls im Fsm. Lobenstein 1824 übernahm das Fsm. Ebersdorf die Landesverwaltung, bis 1848 durch Erbschaftsvertrag eine weitere Vereinigung mit dem Fsm. Schleiz stattfand, so daß ab diesem Zeitpunkt nunmehr auch von einem gemeinsamen Territorium Reuß jüngere Linie gesprochen werden kann. Mit der preußischen Einvernahme des Kfsm. Hessen im Ergebnis des Deutschen Krieges 1866 wurde auch die Gft. Schmalkalden preußisch. Sie wurde aber nicht den bestehenden preußischen Arealen in Thüringen zugeordnet, sondern blieb Bestandteil des neuen Regbz. Kassel (Prov. Hessen-Nassau). So ergab sich die Situation, daß zwei unmittelbar benachbarte preußische Gebiete als jeweilige Exklaven von verschiedenen Territorialeinheiten (Prov. Sachsen bzw. Prov. Hessen-Nassau) verwaltet wurden, nicht einmal der historischen Entwicklung (ehemalige zusammengehörende Fläche der Gft. Henneberg) Genüge getan, schon gar nicht die geographische Realität berücksichtigt wurde.

Damit sind die territorialen Veränderungen genannt, die in Thüringen bis nach dem Ersten Weltkrieg vor sich gingen. Als 1909 das Fürstenhaus Schwarzburg-Sondershausen ausstarb, fand eine durchaus mögliche Vereinigung der schwarzburgischen Gebiete zu einem Staat nicht statt. Reichsrechtliche Hindernisse (u. a. eine daraus resultierende Veränderung des austarierten Stimmenverhältnisses im deutschen Bundesrat zwischen Preußen und den anderen deutschen Ländern) verbauten diesen Weg, so daß beide Territorien lediglich in Personalunion verbunden wurden.

Durch die geographische Lage ihrer Unterherrschaften (die nach der Bildung der Provinz Sachsen vollständig von preußischen Gebieten umgeben waren) gezwungen, schlossen 1819 Schwarzburg-Sondershausen, 1822 dann Schwarzburg-Rudolstadt für diese Flächen einen Zollverbund mit Preußen. Die thüringischen Staaten gründeten 1828 u. a. mit Sachsen den Mitteldeutschen Handelsverein. Nach dessen Auflösung 1831 wurden sie dann sämtlich Mitglied des unter preußischer Hegemonie entstehenden Deutschen Zollvereins. Gründungsmitglieder des Norddeutschen Bundes 1866 waren mit Ausnahme von Reuß ältere Linie und Sachsen-Meiningen alle übrigen thüringischen Staaten; doch vollzogen beide Staaten (zuletzt Sachsen-Meiningen) noch im gleichen Jahr ihren Beitritt.

Während der 1848er Revolution gab es in dem Streben nach der nationalen Einheit Deutschlands auch Bemühungen, die staatliche Zersplitterung im thüringischen Raum zu überwinden und durch Mediatisierung einen Gesamtstaat zu bilden. Die Bemühungen scheiterten, da insbesondere die Ernestiner in ihren jeweiligen Ländchen sich nicht dazu durchringen konnten, ihre Machtstellungen zugunsten eines Herrscherhauses aufzugeben. Über Anfänge gemeinsamer Gerichts- und Verwaltungsgemeinschaften gelangte man nicht hinaus. Selbst Ortschaften, deren Weichbild zu zwei Territorien gehörte, wurden nicht zusammengeführt. Die Beispiele Ruhla (im Thüringer Wald, zugehörend den Fsm.n Gotha und Eisenach) oder Kranichfeld (im Thüringer Becken, zugehörend dem Ghzm. Sachsen-Weimar und dem Hzm. Sachsen-Meiningen) wurden erst 1921 unter einer anderen gesellschaftlichen Grundordnung gelöst.

Auch die revolutionäre Welle nach dem Ersten Weltkrieg führte nicht unmittelbar zu der als Revolutionsziel propagierten Republik Thüringen. Die partikularistischen Strömungen in den einzelnen Staaten erwiesen sich anfänglich noch als so stark, daß sich sogar die Territorien Coburg und Gotha voneinander trennten, desgleichen die Personalunion der beiden schwarzburgischen Länder aufgelöst wurde. Lediglich die beiden Länder Reuß (ältere und jüngere Linie) vereinigten sich 1919 zum Volksstaat Reuß.

Nach schwierigen Verhandlungen, an denen alle Kleinstaaten trotz ihrer Gegensätze und inneren Schwierigkeiten teilnahmen, entstand am 20. Mai 1919 schließlich ein Vertrag, der zunächst eine bundesstaatliche Übergangslösung vorsah (vgl. Übersicht 5). Die meisten thüringischen Staaten traten diesem Vertrag sofort bei, Sachsen-Meiningen als letzter im Dezember 1919, während Sachsen-Coburg die Unterschrift verweigerte. Bei einer Volksbefragung im gleichen Jahr hatten sich die Coburger mehrheitlich für den Anschluß an Bayern ausgesprochen. So geriet 1920 das Coburger Gebiet zum Freistaat Bayern. Preußen stellte sich gegen den Zusammenschlußprozeß, da es befürchtete, seine thüringischen Gebiete zu verlieren, aber auch selbst den Gedanken verfolgte, die thüringischen Kleinstaaten zu vereinnahmen.

2.3 Territorialentwicklung im 19. und 20. Jahrhundert

Übersicht 5: Die thüringischen Staaten 1919

	km²	Einwohner
Sachsen-Weimar-Eisenach	3 624,45	437 807
-Meiningen	2 468,47	270 015
-Altenburg	1 323,52	211 638
-Gotha	1 400,46	187 643
Schwarzburg-Rudolstadt	941,03	99 333
-Sondershausen	862,19	93 427
Reuß	1 143,00	212 943
Thüringen	11 763,12	1 512 806

Quelle: Statistisches Handbuch ... Thüringen 1922, a.a.O., S. 2/3.

Mit dem Inkraftsetzen der Verfassung am 1. Mai 1920 wurde der Zusammenschluß zum Land Thüringen vollzogen. Landeshauptstadt wurde Weimar, die Residenz des vormaligen Ghzm. Sachsen-Weimar-Eisenach. Das Land Thüringen bildete mit seiner Hauptmasse nunmehr ein geschlossenes Areal. Abgetrennt hiervon lagen als größere Einheiten im Norden, umgeben von der preußischen Provinz Sachsen, das Gebiet der Unterherrschaften der ehemaligen schwarzburgischen Staaten sowie die zum ehemaligen Sachsen-Weimar-Eisenach gehörende Exklave um Allstedt. Mit dem Gebiet um Ostheim als Bestandteil des ehemaligen Sachsen-Meiningen existierte eine weitere Exklave in Bayern. Zunächst blieben die bisherigen thüringischen Staaten als Verwaltungsgebiete noch erhalten, bis die neue administrative Gliederung in Stadt- und Landkreise 1922 die jahrhundertealte territoriale Zersplitterung in diesem Raum endgültig beseitigte.

1928 wurde mit Sachsen ein Gebietsaustausch zur Beseitigung gegenseitiger Exklaven durchgeführt. Die sächsischen Flächen im Raum Gera und Ronneburg kamen nach Thüringen; dafür wurden die thüringischen Gebiete in Westsachsen übergeben. Versuche, zu einer ähnlichen Übereinkunft mit dem preußischen Staat zu gelangen, blieben ergebnislos.

Es ist bemerkenswert, daß schon 1925, wenige Jahre nach dem Zusammenschluß zu einem Staat, im Zusammenhang mit Diskussionen über eine Territorialreform in Deutschland die Selbständigkeit des Landes in Zweifel gezogen und das Entstehen einer größeren mitteldeutschen Raumeinheit angedacht wurde. Durch das Reichsstatthaltergesetz von 1933 im Zusammenhang mit dem Gesetz über den Neuaufbau der Länder 1934 verlor Thüringen seine Eigenstaatlichkeit. Es wurde, wie alle anderen deutschen Länder, zu einem Reichsverwaltungsbezirk herabgestuft. Auch jetzt scheiterten zunächst die Versuche des nationalsozialistischen Gauleiters und Reichs-

2 Die neuen Bundesländer und Berlin

Übersicht 6: Politisch-administrative Gliederung des Landes Thüringen 1939

	km²	Einwohner
9 *Stadtkreise:* Altenburg, Apolda, Arnstadt, Eisenach, Gera, Gotha, Greiz, Jena, Weimar; 15 *Landkreise:* Altenburg, Arnstadt, Eisenach, Gera, Gotha, Greiz, Hildburghausen, Meiningen, Rudolstadt, Saalfeld, Schleiz, Sondershausen, Sonneberg, Stadtroda, Weimar		
Land Thüringen	11 762,46	1 743 624

Quelle: Volkszählung 1939 (StDR 552,1), a. a. O., S. 120–123.

statthalters, die preußischen Gebiete verwaltungsmäßig anzugliedern, obgleich auf Parteiebene der preußische Regierungsbezirk Erfurt und die hessische Enklave Schmalkalden zum Gau Thüringen gehörten. Erst mit dem Auflösen der Provinz Sachsen 1944 wurden diese Gebiete dem Land Thüringen zugeordnet (vgl. Übersicht 6).

Nach dem Intermezzo der Existenz einer Provinz Thüringen durch die amerikanische Besatzungsarmee unter Einbeziehung der von ihr besetzten westsächsischen Gebiete nach dem Ende des Zweiten Weltkrieges wurden mit der Wiedererrichtung des Landes Thüringen am 9. Juli 1945 durch die Sowjetische Militäradministration in Deutschland (SMAD) auch seine Grenzen neu fixiert. Es bestand zukünftig ohne die zeitweilig angegliederten westsächsischen Räume und ohne die Exklaven Allstedt und Ostheim, die zur Provinz Sachsen bzw. zu Bayern (amerikanische Besatzungszone) kamen. Längs der Demarkationslinie wurden lokale Gebietsregulierungen vorgenommen. Beispielsweise fand im Eichsfeld an der hessischen Grenze im Raum Bad Sooden-Allendorf ein Gebietsaustausch mit der amerikanischen Besatzungszone statt, oder im Bereich des Kreises Gft. Hohenstein wurde der Ort Bad Sachsa (bei Nordhausen) mit Umgebung der britischen Besatzungszone überlassen.

2.3.3 Provinz Sachsen und Anhalt

Nach der Völkerschlacht bei Leipzig (1813), die die französische Vorherrschaft im mitteldeutschen Raum beendete, zerbrach das von Napoleon gegründete und hofierte Kgr. Westfalen, und der Rheinbund löste sich wieder auf. Bereits zum Ende jenes Jahres war das Gebiet der späteren Provinz

2.3 Territorialentwicklung im 19. und 20. Jahrhundert

Sachsen überwiegend in der Hand der verbündeten Streitkräfte mit Ausnahme der stark ausgebauten Festungen Erfurt, Magdeburg, Torgau und Wittenberg, die sich erst nach z. T. längeren Belagerungen ergaben, zuletzt Magdeburg im Mai 1814. Bis zur Klärung der territorialen Verhältnisse richtete Preußen für seine wiedergewonnenen mitteldeutschen Areale schon im Oktober 1813 wieder eine Zivilregierung ein, die als Regierung der Provinzen zwischen Weser und Elbe ihren Sitz in Halberstadt hatte. Die sächsischen Territorien in diesem Raum wurden zunächst von Dresden, seit 1815 von Merseburg aus verwaltet.

Für das zur Betrachtung stehende Gebiet ist zunächst bemerkenswert, daß im Ergebnis des Wiener Kongresses Preußens Territorialbestand von 1805 bestätigt wurde. Das bedeutete die Sicherung sämtlicher durch den Reichsdeputationshauptschluß zugewiesenen Erwerbungen, die besonders im thüringischen Raum zu größerem Landzuwachs geführt hatten. Mindestens von ebenso großer Bedeutung für die zukünftige Territorialstruktur des Gebietes war aber auch die seit 1814 zwischen den Verbündeten geführte Diskussion über die zukünftige Stellung des Kgr. Sachsen mit dem Resultat der auf dem Wiener Kongreß 1815 beschlossenen Übergabe eines beträchtlichen Teils des sächsischen Territoriums an Preußen.

Mit der Verordnung zur Einrichtung von Provinzen[2] wurde die preußische Provinz Sachsen am 1. April 1816 etabliert. Gleichzeitig nahmen drei sog. Distriktregierungen (in den späteren Regierungsbezirken) ihre Arbeit auf. Ihre Benennung zunächst als Regierung in Niedersachsen, ... des Hzm. Sachsen, ... in Thüringen macht die Schwierigkeit und den Prozeß des Zusammenwachsens zu einem Verwaltungsgebiet deutlich. Und in der Tat: Keine andere Provinz des preußischen Staates wies eine derartig zusammengewürfelte Struktur hinsichtlich der historisch-territorialen Zusammensetzung auf.

Der Bezirk der Regierung in Niedersachsen (der nachmalige Regbz. Magdeburg) war noch am einfachsten strukturiert und umfaßte im wesentlichen die schon längere Zeit preußischen Gebiete, d. h. die Altmark, das Hzm. Magdeburg (ohne den Saalkreis und den Kreis Luckenwalde), das Fsm. Halberstadt, das Stift Quedlinburg und die der preußischen Suzeränität unterstehende Gft. Wernigerode. Einbezogen wurden das hannoversche Amt Klötze in der Altmark sowie die bislang sächsischen Enklaven Gommern und Barby zu beiden Seiten der Elbe oberhalb von Magdeburg. Nicht integriert und bis 1945 erhalten blieben dagegen die braunschweigische Enklave Calvörde im Flußgebiet der Ohre und die anhaltischen Flächen im Süden des Bezirkes.

Der Verwaltungsbezirk der Regierung des Hzm. Sachsen (der spätere Regbz. Merseburg) war bei seiner Konstituierung hinsichtlich der Zuordnung der Flächen noch nicht endgültig umschrieben. Er setzte sich schließlich aus drei Gebietsteilen unterschiedlicher historischer Herkunft zusammen. Zum einen umfaßte er mit einem flächenmäßig geringen Anteil die im Tilsiter Frieden 1807 an das Kgr. Westfalen abgetretenen preußischen Gebietsteile, so den zum Hzm. Magdeburg gehörenden Saalkreis und den preußischen Anteil an der Gft. Mansfeld. Den weitaus größten Anteil stellten zum zweiten jedoch die übernommenen sächsischen Areale dar. Hierbei handelte es sich um die Flächen des ehemaligen Kurkreises (mit Ausnahme der der Prov. Brandenburg zugeordneten Ämter) und des überwiegenden Teiles des ehemaligen Thüringischen Kreises einschließlich der außerhalb dieser Kreisgliederung liegenden Gebiete von Merseburg, Naumburg-Zeitz, Querfurt und Heldrungen sowie Stolberg. Angegliedert wurden ferner einige Ämter aus dem Leipziger (Delitzsch, Zörbig, Eilenburg, Düben) und dem Meißnischen (Torgau, Mühlberg, Teil vom Amt Großenhain mit Elsterwerda) Kreis sowie der sächsische Anteil an der Gft. Mansfeld. Dazu kamen drittens noch einige Gebiete in der Goldenen Aue zwischen dem Harz und dem Kyffhäuser-Gebirge, die nach einem Vertrag mit Schwarzburg-Rudolstadt 1816 erworben und 1819 übernommen wurden (Ämter Heringen und Kelbra).

Der Bezirk der Regierung in Thüringen (zukünftiger Regbz. Erfurt) war flächenmäßig das kleinste, jedoch am heterogensten zusammengesetzte Verwaltungsgebiet und unter den drei Verwaltungsbezirken der einzige mit Exklaven. Das Areal setzte sich zusammen aus der 1805 in Nordwestthüringen und um Erfurt vorhandenen preußischen Territorialeinheit, von der das Untereichsfeld (mit Duderstadt) dem nunmehrigen Kgr. Hannover überlassen wurde. Die im Erfurter Raum vorhandenen ehemaligen Herrschaften Blankenhain und Kranichfeld wurden dem Ghzm. Sachsen-Weimar-Eisenach übergeben. Hinzu kamen die von der Regierung in Merseburg nicht verwalteten Ämter des von Sachsen abgetretenen Thüringischen Kreises (Tennstedt, Weißensee und Langensalza) sowie abgetrennt vom eigentlichen Verwaltungsbezirk die im südthüringischen Saalegebiet liegenden Ämter Ziegenrück und Ranis vom ehemaligen Neustädtischen Kreis, ferner die bislang von Sachsen verwalteten früheren hennebergischen Ämter im Thüringer Wald (mit Suhl und Schleusingen) und die vogtländischen Exklaven um Gefell. Der zwischen Preußen auch mit dem Fsm. Schwarzburg-Sondershausen geschlossene Vertrag 1816 bezog bisher schwarzburgische Exklaven in das preußische Gebiet ein, so bei Langensalza und in der ehemaligen Gft. Hohenstein (vgl. Abb. 3).

Damit ist die Fläche der Prov. Sachsen umrissen, die in dieser Konfiguration von der Gründung bis zur Auflösung der Provinz 1944 existierte. Gebietsaustausche mit den umliegenden Territorien blieben bedeutungslos und betrafen lediglich geringe Korrekturen des Grenzverlaufes gegenüber Sachsen, Anhalt, Braunschweig und Hannover. 1866 übergab Bayern seine

2.3 Territorialentwicklung im 19. und 20. Jahrhundert

im Kreis Ziegenrück gelegene Exklave dem Regbz. Erfurt. 1932 wurde im Harzbereich der Kreis Ilfeld (Regbz. Hildesheim der seit 1866 nunmehr preußischen Prov. Hannover) aufgelöst und sein Areal an die Prov. Sachsen übergeben. Der südliche Teil mit Ilfeld als der hannoversche Anteil der ehemaligen Gft. Hohenstein wurde mit dem seit Ende des Dreißigjährigen Krieges bereits preußischen Gebiet dieser Grafschaft im Regbz. Erfurt verbunden, der nördliche Part dieses Kreises mit dem Amt Elbingerode (zugehörend dem ehemaligen Fsm. Grubenhagen) dem Kreis Wernigerode im Regbz. Magdeburg angegliedert (vgl. Abb. 4 u. Übersicht 7).

Übersicht 7: Politisch-administrative Gliederung der Provinz Sachsen 1939

Regierungsbezirk	km²	Einwohner
Regbz. Magdeburg	11587,87	1388245
6 Stadtkreise: Aschersleben, Burg b. Magdeburg, Halberstadt, Magdeburg, Quedlinburg, Stendal;		
13 Landkreise: Calbe (Saale), Gardelegen, Haldensleben, Jerichow I, Jerichow II, Oschersleben (Bode), Osterburg, Quedlinburg, Salzwedel, Stendal, Wanzleben, Wernigerode, Wolmirstedt		
Regbz. Merseburg	10216,61	1579373
7 Stadtkreise: Eisleben, Halle (Saale), Merseburg, Naumburg (Saale), Weißenfels, Wittenberg, Zeitz;		
15 Landkreise: Bitterfeld, Delitzsch, Eckartsberga, Liebenwerda, Mansfelder Gebirgskreis, Mansfelder Seekreis, Merseburg, Querfurt, Saalkreis, Sangerhausen, Schweinitz, Torgau, Weißenfels, Wittenberg, Zeitz		
Regbz. Erfurt	3724,08	650840
3 Stadtkreise: Erfurt, Mühlhausen i. Thüringen, Nordhausen;		
8 Landkreise: Gft. Hohenstein, Heiligenstadt, Langensalza, Mühlhausen i. Thüringen, Schleusingen, Weißensee, Worbis, Ziegenrück		
Provinz Sachsen	25528,56	3618458

Quelle: Volkszählung 1939 (StDR 552,1), a. a. O., S. 58–63.

Mit der Machtergreifung der Nationalsozialisten 1933 begann die Auflösung der Provinz als politisch-administrative Einheit. Vor allem die zunehmende Bedeutung der Gauleitungen der NSDAP als die politischen Überwachungsorgane trug wesentlich zu dieser Entwicklung bei. Im Zusammenhang mit der Bildung von Reichsverteidigungsbezirken aufgrund der sich ständig verschlechternden Kriegslage wurde 1944 die Prov. Sachsen aufgelöst, ihr Gebiet der Territorialgliederung der Partei angepaßt, ohne aber den bisherigen Provinzialverband aufzugeben. Aus den Regierungsbezirken Magdeburg und Merseburg wurden die Provinzen Magdeburg und Halle-Merseburg gebildet; für den Regbz. Erfurt übernahm der Reichsstatthalter in Thüringen die Aufgaben und Befugnisse des Oberpräsidenten. Mit der ebenfalls 1944 vorgenommenen Auflösung der Prov. Hessen-Nassau wurde der im südthüringischen Raum gelegene Kreis Schmalkalden aus der bisherigen hessischen Zuordnung herausgenommen und dem Regbz. Erfurt angegliedert.

Die anhaltischen Herzogtümer Dessau, Bernburg und Köthen wurden 1815 Mitglied des Deutschen Bundes und traten, nahezu vollständig umschlossen von preußischen Landen, bis 1828 dem preußischen Zollverein bei. Als 1847 nach dem Tod des Herzogs die Herrschaft von Anhalt-Köthen vakant wurde, kam das Erbe in den gemeinsamen Besitz der noch bestehenden Linien Bernburg und Dessau, bis nach dem Tod des Bernburgers 1863 dessen Land von Dessau übernommen wurde, so daß ab 1863 von einem einheitlichen Land Anhalt gesprochen werden kann. 1866 gehörte es zu den Staaten, die den Norddeutschen Bund gründeten (vgl. Abb. 4).

Wie alle Länder in Deutschland wurde auch Anhalt in der Zeit des Nationalsozialismus von der Partei gleichgeschaltet. Als selbständige politische Einheit existierte es bis zum Ende des Zweiten Weltkrieges und wurde nach 1933 von einem Reichstatthalter, der gleichzeitig auch für das Land Braunschweig zuständig war und in Braunschweig residierte, beaufsichtigt. Innerhalb der territorialen Parteistruktur war das Land hingegen mit dem benachbarten preußischen Regbz. Magdeburg zum NS-Gau Magdeburg-Anhalt zusammengeschlossen (vgl. Übersicht 8).

Übersicht 8: Politisch-administrative Gliederung des Landes Anhalt 1939

	km²	Einwohner
4 Stadtkreise: Bernburg, Dessau, Köthen, Zerbst;		
4 Landkreise: Ballenstedt, Bernburg, Dessau-Köthen, Zerbst		
Land Anhalt	2314,32	431 422

Quelle: Volkszählung 1939 (StDR 552,1), a. a. O., S. 128–131.

Nach dem Zusammenbruch des Dritten Reiches im Jahre 1945 wurde am 9. Juli 1945 eine Besatzungsbehörde der SMAD gebildet, die die erst 1944 entstandenen Provinzen Magdeburg und Halle-Merseburg zusammen mit dem Land Anhalt zur Prov. Sachsen-Anhalt zusammenfügte, während der Regbz. Erfurt erst jetzt auch juristisch an das Land Thüringen angeschlossen wurde. Mit dem Auflösen des preußischen Staates 1947 durch Beschluß des Alliierten Kontrollrates[3] erfolgte die Umbenennung zum Land Sachsen-Anhalt. Einbezogen in die neue Territorialhoheit wurden die bislang zu Thüringen zählende Enklave Allstedt und die zum bisherigen Land Braunschweig gehörende Enklave Calvörde im magdeburgischen Altmarkbereich sowie der östliche Teil des im Harz liegenden ebenfalls braunschweigischen Kreises Blankenburg.

2.3.4 Provinz Brandenburg mit Berlin

Dem beträchtlichen Flächenverlust des preußischen Staates im Tilsiter Frieden (1807) folgte nach dem Sturz Napoleons der enorme Gebietszuwachs im Ergebnis des Wiener Kongresses (1815). Dieser Gebietszuwachs beruhte im mitteldeutschen Raum nahezu ausschließlich auf den vom Kgr. Sachsen übernommenen Flächen, wodurch die preußisch-sächsische Grenze, Ende des 18. Jh. noch dicht vor den Toren Potsdams verlaufend, jetzt weit nach Süden in relativ enge Nähe zur sächsischen Residenzstadt Dresden gerückt wurde.

Ausgehend vom kurmärkischen Territorium entstand über Flächenveränderungen und -neuzuordnungen im Rahmen einer Umstrukturierung der administrativ-territorialen Gliederung des preußischen Staates 1815 die Prov. Brandenburg.[4] Die zu den kurmärkischen Landen gehörende und 1807 an das Kgr. Westfalen zwangsweise abgetretene Altmark wurde Teil der neugegründeten Prov. Sachsen. Der Prov. Pommern wurden die nordöstlichen Teile der Neumark mit Dramburg und Schivelbein überlassen. Einbezogen wurde dafür die wiedergewonnene niederlausitzische Exklave Cottbus zusammen mit der von Sachsen übernommenen Niederlausitz (der nordöstliche Teil der ebenfalls von Sachsen übernommenen Oberlausitz wurde der Prov. Schlesien zugeordnet mit Ausnahme der Herrschaft Hoyerswerda, die bis 1825 zur Prov. Brandenburg gehörte, dann aber auch nach Schlesien überwiesen wurde). Hinzu kamen von dem bisherigen sächsischen Kurkreis die Herrschaften Baruth und Sonnewalde sowie die Ämter Belzig und Rabenstein, Dahme sowie Jüterbog, von dem Meißnischen Kreis die Ämter Finsterwalde und Senftenberg. Das so gekennzeichnete Gebiet hat sich in seiner äußeren Begrenzung, abgesehen von lokalen Gebietsaustauschen mit Mecklenburg, der Prov. Pommern sowie mit Sachsen bis zum Ende des Zweiten Weltkrieges nur wenig verändert (vgl. Abb. 4).

Bei der administrativ-territorialen Einteilung der Provinz 1815 besaß die Stadt Berlin zusammen mit ihrem Umland zunächst auch den Status eines Regierungsbezirkes. Die dazugehörende Fläche reichte über das Weichbild der Stadt hinaus und erstreckte sich im Osten bis Kaulsdorf und Köpenick, im Norden bis Weißensee, Niederschönhausen und Tegel, im Westen umfaßte sie Charlottenburg und im Süden schloß sie Steglitz, Tempelhof und Britz ein. Dieses Heraushebenvon Berlin, das die spätere Entwicklung vorzeichnete, fand nicht nur Fürsprecher. Aus „Ersparnisgründen" wurde 1822 der Regierungsbezirk wieder aufgelöst, jedoch erst 1828 wurde die Stadt in den Grenzen ihrer Gemarkung als Stadtkreis dem Regbz. Potsdam untergeordnet.

1875 schied Berlin, seit 1871 Hauptstadt des Deutschen Reiches, aus dem Kommunalverband der Prov. Brandenburg aus. Als besonderer Stadtkreis stand das Gemeinwesen fortan auf einer Stufe etwa vergleichbar mit den die Provinz untergliedernden Regbz.n Potsdam und Frankfurt.

Mit dem Übergang zu einer Millionenstadt im letzten Viertel des 19. Jh., mit den bevölkerungsreichen Trabantenstädten und weiteren sich andeutenden Bevölkerungsagglomerationen rings um Berlin wurde eine Veränderung der bisherigen administrativ-territorialen Einordnung immer dringender notwendig. Nach jahrelangen Verhandlungen zwischen einander widerstrebenden Interessengruppen – Provinz, Stadt Berlin, umliegende Orte und benachbarte Kreise – entstand als Kompromiß und Zwischenlösung 1912 der „Zweckverband Groß-Berlin", der einerseits regional übergreifende Probleme innerhalb des Gesamtgebietes zum allseitigen Nutzen lösen sollte, ohne jedoch andererseits dabei die bestehende Verwaltungsgliederung zu verändern. Diese Veränderung geschah erst 1920, als von der preußischen Landesversammlung gegen die Stimmen der bürgerlichen Parteien das Gesetz zur Bildung der Großgemeinde Berlin beschlossen wurde.[5]

Acht Städte (Berlin, Charlottenburg, Neukölln, Lichtenberg, Schöneberg, Wilmersdorf, Spandau und Köpenick), 59 Landgemeinden und 27 Gutsbezirke wurden zur neuen Stadtgemeinde Groß-Berlin zusammengeschlossen.[6] Mit dem Entstehen dieser Riesengemeinde verlor die Provinz neben jenen Stadtkreisen auch beachtliche Teile ihres Territoriums aus den an Berlin angrenzenden Landkreisen Niederbarnim, Teltow und Osthavelland. Mit einer Fläche von 878,1 km^2 (gegenüber vorher 63,5 km^2) war die neue Stadtfläche größer als die damaligen Stadtflächen von München, Stuttgart und Frankfurt a. M. zusammen. Gemessen an der Fläche war Berlin zur weltgrößten Stadt geworden, nach der Einwohnerzahl – bezogen auf 1910 mit 2,1 Mio. – stand sie nunmehr mit 3,8 Mio.

Übersicht 9: Politisch-administrative Gliederung der Provinz Mark Brandenburg und der Stadt Berlin 1939

Regierungsbezirk	km²	Einwohner
Regbz. Potsdam 5 Stadtkreise: Brandenburg (Havel), Eberswalde, Potsdam, Rathenow, Wittenberge; 14 Landkreise: Angermünde, Beeskow-Storkow, Jüterbog-Luckenwalde, Niederbarnim, Oberbarnim, Osthavelland, Ostprignitz, Prenzlau, Ruppin, Teltow, Templin, Westhavelland, Westprignitz, Zauch-Belzig	19 887,01	1 691 347
Regbz. Frankfurt 5 Stadtkreise: Cottbus, Forst (Lausitz), Frankfurt (Oder), Guben, Landsberg (Warthe); 17 Landkreise: Calau, Cottbus, Crossen (Oder), Guben, Königsberg Nm., Landsberg (Warthe), Lebus, Luckau (Niederlausitz), Lübben (Spreewald), Meseritz, Oststernberg, Schwerin (Warthe), Soldin, Sorau (Lausitz), Spremberg (Lausitz), Weststernberg, Züllichau-Schwiebus	18 387,96	1 316 590
Provinz Mark Brandenburg	38 274,97	3 007 937
20 *Verwaltungsbezirke* [Stadt Berlin]: Charlottenburg, Friedrichshain, Köpenick, Kreuzberg, Lichtenberg, Mitte, Neukölln, Pankow, Prenzlauer Berg, Reinickendorf, Schöneberg, Spandau, Steglitz, Tempelhof, Tiergarten, Treptow, Wedding, Weißensee, Wilmersdorf, Zehlendorf		
Stadt Berlin	883,63	4 338 756

Quelle: Volkszählung 1939 (StDR 552,1), a.a.O., S. 42–47; Berlin und sein Umland, a.a.O., S. 145.

hinter New York und London an dritter Stelle. Jetzt schied die Stadt auch aus dem Provinzialverband aus. Nach der Verfassung des Freistaates Preußen bekam sie den Rang einer Provinz, wenngleich bestimmte Aufgabengebiete auch weiterhin von der brandenburgischen Provinzialregierung wahrgenommen wurden.

Im Zusammenhang mit dem Entstehen der Stadtgemeinde von Groß-Hamburg kam es 1937 zu umfangreichen Gebietsregulierungen im norddeutschen Raum, die auch im Bereich der Prov. Brandenburg Gebiete des Regbz. Potsdam erfaßten. Die zwischen der Prignitz und dem Ruppiner Land seit dem 14. Jh. vorhandenen mecklenburgischen Enklaven Rossow und Netzeband wurden der Provinz Brandenburg zugeordnet.

1938 fand ein Austausch von Kreisgebieten im östlichen Bereich der Provinz statt. Bei der Auflösung der Provinz Posen-Westpreußen[7] wurden aus dem Bestand jener Provinz dem Regbz. Frankfurt die Kreise Schwerin und Meseritz und ein Teil des Kreises Bomst unterstellt. Gleichzeitig kamen die beiden neumärkischen Kreise Arnswalde und Friedeberg als Bestandteil des neuen Regbz. Grenzmark Posen-Westpreußen zur Prov. Pommern; der ursprünglich hierfür mit vorgesehene Kreis Soldin verblieb beim Regbz. Frankfurt. Zur gleichen Zeit wurde die Provinz in „Mark Brandenburg" umbenannt (vgl. Übersicht 9).

Nach dem Ende des Zweiten Weltkrieges wurde am 9. Juli 1945 auch für die Prov. Brandenburg, soweit ihre Gebiete westlich von Oder und Neiße lagen, eine Besatzungsbehörde der SMAD gebildet. Formal als ehemalige preußische Provinz weiterbestehend erfolgte nach Auflösung des Staates Preußen durch den Alliierten Kontrollrat (1947) die Umbenennung zum Land Brandenburg. Die östlich von Oder und Neiße vorhandenen brandenburgischen Flächen, nahezu vollständig dem Regbz. Frankfurt zugehörend (es handelte sich um die kompletten Kreise Crossen, Landsberg, Meseritz, Oststernberg, Schwerin, Soldin und Züllichau-Schwiebus sowie um anteilige Flächen der Kreise Königsberg, Lebus, Frankfurt-Stadt, Weststernberg, Guben [Stadt und Land], Sorau sowie Forst-Stadt; vom Regbz. Potsdam war der Kreis Angermünde anteilig betroffen), mit 11 330 km^2 gingen 1945 gemäß den Beschlüssen von Jalta und Potsdam in polnische Verwaltung über.

Gemäß alliierter Vereinbarung bekam Berlin neben der sowjetischen Besatzungsmacht seit dem 1. Juli 1945 auch amerikanische, britische und französische Besatzungstruppen und wurde in eine Viersektorenstadt mit einer gemeinsamen Verwaltung aufgegliedert.

2.3.5 Mecklenburg und Region Vorpommern

Der Wiener Kongreß erhob 1815 beide mecklenburgischen Territorien zu Großherzogtümern. Sie wurden Gliedstaaten des Deutschen Bundes und traten 1866 dem Norddeutschen Bund, erst danach (1867) dem Deutschen Zollverein bei. Mit der nationalsozialistischen Machtübernahme wurden auch die Länder Mecklenburg „gleichgeschaltet" und von einem Reichsstatthalter, der auch für die Stadt Lübeck (bis 1937) zuständig war, beaufsichtigt. Zu Beginn des Jahres 1934 wurden die beiden Mecklenburg zusammengeschlossen; die zwischen beiden Territorien noch vorhandenen Exklaven dadurch aufgehoben.

Größere Territorialveränderungen der beiden Staaten, wie sie seit dem beginnenden 18.Jh. existierten, gab es mit ihrem Umfeld nicht. Sofern Grenzbegradigungen vorgenommen wurden, waren sie im 19. und 20.Jh. von lokalem Ausmaß. Zu größeren Gebietsverschiebungen kam es jedoch noch einmal im Zusammenhang mit dem Entstehen des Stadtgebietes von Groß-Hamburg.[8] Zwischen Mecklenburg und den benachbarten preußischen Provinzen Schleswig-Holstein, Brandenburg und Pommern fand ein Flächenaustausch statt mit dem Ziel, sämtliche im jeweils anderen Gebiet vorhandenen Areale der um- oder angrenzenden Territorialeinheit zuzuordnen (vgl. Abb.3 u. 4, Übersicht 10).

Übersicht 10: Politisch-administrative Gliederung des Landes Mecklenburg 1939

	km^2	Einwohner
6 *Stadtkreise:* Güstrow, Neubrandenburg, Neustrelitz, Rostock, Schwerin, Wismar; 11 *Landkreise:* Güstrow, Hagenow, Ludwigslust, Malchin, Parchim, Rostock, Schönberg, Schwerin, Stargard, Waren, Wismar		
Land Mecklenburg	15720,88	900413

Quelle: Volkszählung 1939 (StDR 552,1), a. a. O., S. 126–127.

Der anfänglich noch in schwedischem Besitz befindliche Anteil von Vorpommern einschließlich der Insel Rügen – 1814 von der schwedischen Krone an Dänemark als Tauschobjekt für die Einvernahme Norwegens übergeben – wurde nach einer Vereinbarung auf dem Wiener Kongreß Preußen zugesprochen und von Dänemark im Austausch gegen das Hzm. Lauenburg verbunden mit einer finanziellen Abfindung überlassen. Schwedisch-Vorpommern wurde als Neu-Vorpommern den übrigen pommerschen Gebieten hinzugefügt. Bei der Konstituierung der Prov. Pommern (1816) bestand dieses Areal zunächst aus zwei Regierungsbezirken (Stettin und Köslin). Schwedisch-Vorpommern wurde noch von einer Regierungskommission getrennt verwaltet, 1818 dann aber als dritter Regierungsbezirk (Stralsund) der Prov. Pommern zugeordnet, 1932 schließlich mit dem Regbz. Stettin vereinigt (Abb.3 u. 4).

Die Aufteilung Deutschlands nach dem Zweiten Weltkrieg in Besatzungszonen und die damit verbundene territoriale Umgliederung sowie die Neufestlegung der deutschen Ostgrenze brachten für Mecklenburg eine beträchtliche Gebietserweiterung. Am 9. Juli 1945 übernahm die SMAD auch für Mecklenburg die politische Verwaltung und gliederte diesem Areal die

2 Die neuen Bundesländer und Berlin

Übersicht 11: Politisch-administrative Gliederung des Regierungsbezirks Stettin (Prov. Pommern) 1939

	km²	Einwohner
4 *Stadtkreise:* Greifswald, Stargard i. Pommern, Stettin, Stralsund		
14 *Landkreise:* Anklam, Cammin i. Pommern, Demmin, Franzburg-Barth, Greifenhagen, Greifswald, Grimmen, Naugard, Pyritz, Randow, Rügen, Saatzig, Ueckermünde, Usedom-Wollin		
Regierungsbezirk Stettin	14178,91	1237782

Quelle: Volkszählung 1939 (StDR 552,1), a. a. O., S. 46–49.

vorpommerschen Flächen unter Ausschluß eines Gebietsstreifens westlich der Oder einschließlich der Stadt Stettin, der in polnische Verwaltung überging, an. Der damalige Regbz. Stettin, der 1945 Vorpommern mit umfaßte, verlor 6740 km². Hierzu zählten die Kreise Cammin, Greifenhagen, Naugard, Pyritz, Saatzig, Stargard-Stadt und Stettin-Stadt vollständig, die Kreise Randow, Ueckermünde und Usedom-Wollin anteilig. An der Westgrenze Mecklenburgs wurde neben einigen Gebietsaustauschen zur Begradigung der Demarkationslinie im lauenburgisch-ratzeburgischen Bereich das Territorium um einige rechtselbische Gebiete der damaligen Prov. Hannover (anteilig Kreis Lüneburg) erweitert.

In den ersten Jahren nach 1945 führte das Land die Bezeichnung Mecklenburg-Vorpommern, bis mit der Auflösung Preußens (1947) und aus politischen Motiven der Zusatz Vorpommern gestrichen und der Landesname auf lediglich Mecklenburg verkürzt wurde.

3 Die Länderstruktur in der Zeit nach dem Zweiten Weltkrieg (1945 bis 1952)

Mit dem Sieg der Allierten und dem Zusammenbruch des Dritten Reiches im Mai 1945 hörte auch die damalige Zentralgewalt in Deutschland auf zu bestehen. Aus dem Hoheitsgebiet des Deutschen Reiches westlich von der Oder und der Görlitzer Neiße wurden Besatzungszonen der Siegermächte. Berlin erhielt Viermächtestatus und wurde in vier Sektoren aufgeteilt.

Auf dem Gebiet der sowjetischen Besatzungszone existierten bei Kriegsende im Mai 1945:
- der Staat Preußen mit den Provinzen
    - Pommern ⎫ ohne die Gebiete östlich
    - Brandenburg ⎭ von Oder und Neiße
    - Berlin
    - Magdeburg ⎫ bis 1944 waren diese zwei von drei
    - Halle-Merseburg ⎭ Regierungsbezirken der Provinz Sachsen
    - Niederschlesien (soweit westlich der Görlitzer Neiße gelegen)
- das Land Mecklenburg (Hauptstadt Schwerin)
- das Land Anhalt (Hauptstadt Dessau)
- das Land Thüringen (Hauptstadt Weimar)
- das Land Sachsen (Hauptstadt Dresden).

Im Potsdamer Abkommen der Siegermächte wurden im Jahre 1945 für einen künftigen deutschen Staat föderative Strukturen festgelegt. Damit sollten die politischen und wirtschaftlichen Kräfte Deutschlands dezentralisiert werden.

Gleichzeitig wurde an die historischen Traditionen des Föderalismus in Deutschland angeknüpft. Insbesondere sollte auch der übermächtige preußische Staat zerschlagen werden, denn er galt als Kernland des preußisch-deutschen Militarismus und verhinderte infolge seiner Größe ausgewogene föderale Strukturen in Deutschland.

In der sowjetischen Besatzungszone wurden mit dem Befehl Nr. 5 vom 9.7.1945 der Sowjetischen Militäradministration in Deutschland (SMAD) folgende Verwaltungseinheiten gebildet:
- Provinz Mark Brandenburg
- Provinz Sachsen-Anhalt
- Land Mecklenburg-Vorpommern

3 Die Länderstruktur nach dem Zweiten Weltkrieg

- Land Thüringen
- Land Sachsen.

Die Provinz Mark Brandenburg stimmte im wesentlichen mit der ehemaligen preußischen Provinz Mark Brandenburg (ohne Gebiete östlich der Oder-Neiße-Grenze) überein.

Die ehemalige preußische Provinz Sachsen (bzw. die Provinzen Magdeburg und Halle-Merseburg) wurde mit dem Land Anhalt sowie mit den Braunschweiger Territorien Calvörde und Blankenburg sowie mit der thüringischen Enklave Allstedt zunächst zur Provinz Sachsen-Anhalt zusammengefaßt.

Zum historischen Land Mecklenburg wurden die westlich der Oder gelegenen Gebiete der preußischen Provinz Pommern (Vorpommern) sowie die östlich der Elbe gelegenen Teile des preußischen Regierungsbezirkes Lüneburg, das Amt Neuhaus, zugeordnet; es entstand das Land Mecklenburg-Vorpommern.

Das neue Land Thüringen wurde unter Eingliederung der Enklaven Kischlitz und Abtlöbnitz sowie mit geringen Veränderungen an der hessischen und niedersächsischen Grenze, die durch den Verlauf der Demarkationslinie zur amerikanischen bzw. britischen Besatzungszone bedingt waren, auf der Basis des 1945 bereits bestehenden Landes Thüringen gebildet.

Das Land Sachsen wurde ausgehend von der großen und historisch stark vorgeprägten Kernregion des Kurfürstentums, Königsreichs, Freistaats und Landes Sachsen durch Teile des preußischen Regierungsbezirkes Liegnitz, d. h. westliche Gebiete Niederschlesiens erweitert (Abb. 4).

Durch den Beschluß des Alliierten Kontrollrates vom Februar 1947 wurde Preußen aufgelöst. Es traten an die Stelle:
- der Provinz Mark Brandenburg das Land Brandenburg mit Potsdam als Landeshauptstadt,
- der Provinz Sachsen-Anhalt das Land Sachsen-Anhalt mit Halle als Landeshauptstadt,
- des Landes Mecklenburg-Vorpommern das Land Mecklenburg mit Schwerin als Landeshauptstadt.

Zusammen mit den bereits bestehenden Ländern Sachsen (Landeshauptstadt Dresden) und Thüringen (Landeshauptstädte: Weimar, seit 1950 Erfurt) bestanden damit fünf Länder auf dem Gebiet der sowjetischen Besatzungszone bzw. (seit 1949) der DDR (Abb. 6 u. Farbkarte 1, S. 116), bis sie 1952 aufgelöst wurden. Das Viermächte-Status besitzende Berlin bildete eine besondere politische Einheit. Im Unterschied zur Vorkriegszeit, als Magdeburg Hauptstadt der Provinz Sachsen war, wurde nun Halle neue Landeshauptstadt des heterogen zusammengesetzten Landes Sachsen-Anhalt. Dabei spielten sowohl der wesentlich geringere Zerstörungsgrad Halles bei Kriegsende als auch die Abkehr von preußischen Vorkriegsverhältnissen eine

3 Die Länderstruktur nach dem Zweiten Weltkrieg

Abb. 6: *Deutschland nach dem Zweiten Weltkrieg (Quelle: Ökonomische und soziale Geographie der DDR, Gotha 1990, Abb. 13; nach ›Atlas zur Geschichte‹, Bd. 2, 1975, S. 63, umgezeichnet).*

3 Die Länderstruktur nach dem Zweiten Weltkrieg

Tab. 1: *Länder der sowjetischen Besatzungszone/DDR (Stand: 1950)* [1]

Land	Anzahl der Kreise	Fläche (km²)	Einwohner (31.8.50)	Bevölkerungsdichte (Einw./km²)
Mecklenburg	24	23 195	2 027 925	87
Brandenburg	23	27 544	2 580 343	94
Sachsen-Anhalt	34	24 540	4 066 011	166
Thüringen	25	15 640	2 838 603	182
Sachsen	34	17 010	5 686 216	334
SBZ/DDR insges.	140	107 930	17 199 098	159

[1] Ohne Berlin (Ost).
Quelle: Statistisches Zentralamt der DDR, Berlin 1952; vgl. auch Territoriale Struktur der DDR im Vergleich der Jahre 1950 und 1989, Teil I, SZS, Zentrales Zählbüro, Berlin 1990.

Rolle. Außerdem erhielt Halle aufgrund seiner revolutionär-proletarischen Traditionen von der SED-Führung einen zusätzlichen Bonus.

Die Umbenennung des Landes Mecklenburg-Vorpommern in Mecklenburg erfolgte im Jahre 1947 mit außenpolitischen Rücksichten auf den östlich der Oder zu Polen gekommenen größeren Teil der ehemaligen preußischen Provinz Pommern (Hinterpommern), richtete sich damit gegen Teile des bisherigen preußischen Staates, aber auch gegen landsmannschaftliche und regionale Interessen der pommerschen Bevölkerung im Lande Mecklenburg. Mit den festgelegten Landesgrenzen blieben die regionalen Strukturen der Lausitz und der sorbischen nationalen Minderheit zwischen Sachsen und Brandenburg geteilt. Das traf auch auf das Vogtland (zwischen Sachsen und Thüringen sowie Bayern) zu.

Im Zuge der fortschreitenden politischen und wirtschaftlichen Teilung Groß-Berlins erhielt der Westteil der Stadt (eigene Verfassung des Landes Berlin, 1950) den eingeschränkten, unter der Besatzungs- und Schutzhoheit der westlichen Alliierten stehenden Status des Bundeslandes Berlin, das de facto zur Bundesrepublik Deutschland gerechnet wurde. Der Ostteil Berlins dagegen avancierte mit der Gründung des zweiten deutschen Staates (7. 10. 1949) zur Hauptstadt der DDR, behielt jedoch einen eingeschränkten Sonderstatus auf der Grundlage des Potsdamer Abkommens und der Viermächtevereinbarungen und wurde 1952 nach der Verwaltungsneugliederung in der DDR administrativ den Bezirken der DDR gleichgestellt.

Im Vergleich zu den drei westlichen Besatzungszonen Deutschlands war der Zuschnitt der fünf in der sowjetischen Besatzungszone (SBZ) gebildeten Länder bezüglich Fläche und Bevölkerung besser ausgeglichen worden (Tab. 1). Die Extremwerte verhielten sich hinsichtlich:

3 Die Länderstruktur nach dem Zweiten Weltkrieg

der *Anzahl der Kreise* je Land wie
1 (Brandenburg) : 1,5 (Sachsen-Anhalt/Sachsen),
der *Fläche* wie
1 (Thüringen) : 1,8 (Brandenburg),
der *Einwohner* wie
1 (Mecklenburg) : 2,8 (Sachsen),
der *Bevölkerungsdichte* wie
1 (Mecklenburg) : 3,8 (Sachsen).

Lediglich bei der Bevölkerungsdichte (Einw./km^2) ließ sich ein stärkeres Süd-Nord-Gefälle erkennen, das mit einem gleichgerichteten Gefälle der wirtschaftlichen (insbesondere industriell-gewerblichen) Entwicklung und des Urbanisierungsgrades in Verbindung stand.

Bei einem Vergleich der Flächenländer (vgl. Tab. 2) in den westlichen Besatzungszonen/BRD (ohne Stadtstaaten Bremen, Hamburg und Berlin [West]) ergaben sich folgende Extremwerte hinsichtlich (Stand 1950):
der *Fläche* wie
1 (Schleswig-Holstein) : 4,5 (Bayern)[1]
1 (Saarland) : 27,6 (Bayern),
der *Bevölkerung* wie
1 (Schleswig-Holstein) : 5,1 (Nordrhein-Westfalen)[1]
1 (Saarland) : 13,7 (Nordrhein-Westfalen),
der *Bevölkerungsdichte* wie
1 (Bayern) : 3,0 (Nordrhein-Westfalen).

[1] Ohne Saarland, das erst 1956 an die BR Deutschland angegliedert wurde.

Auch hinsichtlich ihrer historisch-geographischen Vorformen und territorialen Bestandteile waren die Länder der sowjetischen Besatzungszone – Sachsen-Anhalt ausgenommen – im Vergleich zu denen der westlichen Besatzungszonen/BRD homogener gestaltet.

Die Kreiseinteilung in den Ländern der sowjetischen Besatzungszone/DDR war in vielen Fällen altbewährt. Sie ging in Preußen und Sachsen auf Verwaltungsreformen nach dem Wiener Kongreß (1815) zurück.

Im Land Brandenburg gab es die regionale Besonderheit, daß einige Landkreise (Westprignitz, Ostprignitz; Ruppin; Westhavelland, Osthavelland; Zauch-Belzig; Niederbarnim, Oberbarnim) weitgehend mit historischen Landschaften übereinstimmten. Auch in Mecklenburg-Vorpommern (Rügen, Usedom) und Sachsen-Anhalt (Saalkreis) lehnten sich einzelne Landkreise an historisch-geographische Gegebenheiten an (vgl. Abb. 7). Auf dem Gebiet der DDR bestanden 1950 somit fünf Länder, die in 20 Stadtkreise und 120 Landkreise gegliedert waren. Deren durchschnittliche Kreisfläche nahm von Norden nach Süden ab, dagegen stieg die Einwohnerzahl je Kreis in der gleichen Richtung an (Tab. 3).

Demzufolge waren die Extremwerte der Kreisgrößen verhältnismäßig ausgewogen. Sie verhielten sich hinsichtlich:

3 Die Länderstruktur nach dem Zweiten Weltkrieg

der durchschnittlichen *Kreisflächengröße* je Land wie
1 (Sachsen) : 2,4 (Brandenburg),
der durchschnittlichen *Kreisbevölkerungszahl* wie
1 (Mecklenburg) : 1,9 (Sachsen).

Tab. 2: Flächenländer auf dem Gebiet der westlichen Besatzungszonen/BRD (Stand: 1950)

Bundesland	Fläche (km²)	Bevölkerung (1000 Einw.)	Bevölkerungsdichte (Einw./km²)
Schleswig-Holstein	15 680	2 594,6	165,6
Niedersachsen	47 356	6 797,4	143,8
Nordrhein-Westfalen	33 958	13 196,2	388,7
Hessen	21 108	4 323,8	204,8
Rheinland-Pfalz	19 828	3 004,8	151,5
Baden-Württemberg[1]	35 750	6 430,2	179,9
Bayern	70 549	9 184,5	130,1
Saarland[2]	2 567	944,7	368,0
BRD insgesamt[2]	247 947	48 640,4	188,5[3]

[1] Das Bundesland Baden-Württemberg („Südweststaat") wurde erst im Jahre 1952 im Ergebnis einer Volksabstimmung in den Ländern Württemberg-Baden (US-Zone) sowie Württemberg-Hohenzollern und Süd-Baden (franz. Zone) im Jahre 1951 gebildet.
[2] Mit Saarland seit 1956.
[3] Ohne Stadtstaaten.
Quelle: Statistisches Jahrbuch für die Bundesrepublik Deutschland 1956, Wiesbaden 1957, S. 33.

Tab. 3: Durchschnittliche Kreisgröße in den Ländern der SBZ/DDR (Stand: 1950), gemessen a) an der Kreisfläche und b) an der Kreisbevölkerung

Land	a) durchschnittliche Kreisgröße in km²	b) durchschnittliche Kreisgröße in Personen
Mecklenburg	966,5	84 497
Brandenburg	1 197,6	112 189
Sachsen-Anhalt	721,8	119 589
Thüringen	625,6	113 544
Sachsen	500,3	167 241
SBZ/DDR (ohne Berlin)	770,9	122 851

Quelle: vgl. Tab. 1, berechnet.

3 Die Länderstruktur nach dem Zweiten Weltkrieg

Abb. 7: *Länder- und Kreisgliederung auf dem Territorium der DDR (Gebietsstand: 1950) (Quelle: Statistisches Zentralamt der DDR, Berlin 1952).*

Die geringere Differenz beim durchschnittlichen Umfang der Kreisbevölkerung wirkte sich – bezogen auf die Einwohnerzahl – auf die Verwaltungseffizienz der Kreise günstig aus. Sie beeinflußte jedoch gleichzeitig die durchschnittliche Erreichbarkeit der Kreisstädte in den flächengroßen dünnbevölkerten Landkreisen Brandenburgs und Mecklenburgs mit weitständigem Siedlungs-, insbesondere Städte- und Verkehrsnetz nachteilig (vgl. Rutz 1971).

4 Länderauflösung und Bezirksgliederung (1952 bis 1990)

4.1 Die Auflösung der Länder

Die unter dem Einfluß der Besatzungsmächte erfolgte divergierende politische, sozialökonomische und wirtschaftliche Entwickung in den westlichen Besatzungszonen einerseits und in der sowjetischen Besatzungszone Deutschlands andererseits führte unter den Bedingungen des Kalten Krieges in Europa zur staatlichen Teilung Deutschlands. Während die Gründung der Bundesrepublik Deutschland im September 1949 auf den im Grundgesetz verankerten Traditionen und Prinzipien des Föderalismus beruhte, folgte die Bildung des zweiten deutschen Staates im Oktober desselben Jahres als unitaristisch geprägte Deutsche Demokratische Republik (DDR).

Allerdings blieben, wie beschrieben, in der ersten Phase (1949–1952) der Existenz der DDR die dortigen fünf Länder noch bestehen. In der ersten Verfassung der DDR vom 7. 10. 1949 waren föderalistische Züge enthalten. Im Artikel 1, Absatz 1, hieß es unter dem Aspekt der anzustrebenden Wiedervereinigung der beiden deutschen Teilstaaten:

„Deutschland ist eine unteilbare demokratische Republik. Sie baut sich auf den deutschen Ländern auf."

Am 15. 10. 1950 wurden Volkskammer, Land- und Kreistage sowie die Gemeindevertretungen der DDR gemeinsam nach Einheitslisten der inzwischen unter der Vorherrschaft der Sozialistischen Einheitspartei Deutschlands (SED) gebildeten Nationalen Front – bestehend aus dem Block der politischen Parteien und Massenorganisationen – gewählt. Durch den vorher festgelegten Verteilerschlüssel für die Kandidaten der Einheitsliste sicherte sich die SED die absolute Vorherrschaft in allen Staatsorganen der verschiedenen Ebenen, die durch die bereits weitgehende politische „Gleichschaltung" sämtlicher politischer Parteien (Demokratische Bauernpartei Deutschlands – DBD, Christlich-Demokratische Union – CDU, Liberaldemokratische Partei Deutschlands – LDPD, Nationaldemokratische Partei Deutschlands – NDPD) und Massenorganisationen (Freier Deutscher Gewerkschaftsbund – FDGB, Demokratischer Frauenbund Deutschlands –

DFD, Freie Deutsche Jugend – FDJ, Kulturbund, Volkssolidarität usw.) gestützt wurde.

Unter diesen politischen Machtverhältnissen wurde der Einfluß der Landtage, die das Recht besaßen, der Volkskammer Gesetzesvorlagen unterbreiten und die Möglichkeit des „aufschiebbaren Einspruchsrechts" anwenden zu können, bereits 1950 weitgehend ausgeschaltet.

Die zentralistischen Tendenzen in Politik, Verwaltung und Wirtschaft verschärften sich, indem die stalinistisch ausgerichtete SED bestrebt war, den Willen der sowjetischen Führung zu unterstützen, in den im Machtbereich der UdSSR liegenden Teilen Ost-, Südost- und Mitteleuropas ein einheitliches sozialistisches Gesellschaftssystem durchzusetzen. Dem standen die Länder in der DDR im Wege. Bereits 1948 waren Ansätze ihrer wirtschaftspolitischen Eigenständigkeit durch die Sowjetische Militäradministration (SMAD) aufgehoben worden. Diese setzte in ihrer Besatzungszone die Deutsche Wirtschaftskommission (DWK) ein, mit deren Hilfe die Wirtschaftsplanung und -lenkung (Zweijahresplan) im Gesamtmaßstab der östlichen Besatzungszone zentral organisiert wurden. 1951 wurde der erste 5-Jahres-Plan (1951–1955) für die DDR in Kraft gesetzt.

Die Interessen der Bürger, Gemeinden, Kreise und Länder wurden dem von der SED diktierten staatlichen Gesamtinteresse rigoros untergeordnet. Nunmehr wurde „von oben" angeordnet, die „Zentrale" in Berlin dominierte eindeutig. Das Gegenstromprinzip „von unten", die Mitwirkung der Kommunen und Länder, war weitgehend ausgeschaltet worden. Dieser „demokratische Zentralismus" kollidierte mit der Länderstruktur, die in der sowjetischen Besatzungszone bzw. DDR überwiegend auf historisch relativ stabilen Kernregionen und landsmannschaftlicher Geschlossenheit basierte (vgl. Abschnitte 2.2 und 2.3). Nach der II. Parteikonferenz der SED (Juni 1952), die den „Aufbau der Grundlagen des Sozialismus" in der DDR beschloß, wurde im Auftrag der SED in aller Stille ohne öffentliche und wissenschaftliche Diskussion eine Verwaltungsreform vorbereitet und in der Volkskammer am 23. Juli 1952 mit Zustimmung der Blockparteien als „Gesetz über die weitere Demokratisierung des Aufbaus und der Arbeitsweise der staatlichen Organe in den Ländern der DDR" verabschiedet.

Unter den politischen und gesellschaftlichen Verhältnissen der DDR mit stark repressiven Zügen des Partei- und Staatsapparates wurde damit die allseitige Kontrollfähigkeit des Staates über „seine" Bürger erzielt.

Die fünf Landtage und ihre Landesregierungen wurden aufgelöst. Damit hörten die Länder de facto auf zu existieren, obwohl sie bis zum 8. 12. 1958 formal als organisatorischer Oberbegriff weiterbestanden. Darauf deutet auch die Formulierung des o. g. Gesetzes hin, in dem von einer „weiteren Demokratisierung des Aufbaus und der Arbeitsweise der staatlichen Organe *in* (Hervorhebung der Verf.) den Ländern der DDR" gesprochen wird.

4.1 Die Auflösung der Länder

Die Länderstruktur besaß in kirchlichen und kulturellen Organisationsformen ein weitaus höheres Beharrungsvermögen. Das zeigte sich auch im Denken und Fühlen vieler Menschen; ihre regionale und landsmannschaftliche Gebundenheit und Identität blieben erhalten. Sie fühlten sich trotz intensiver Migrations- und Vermischungsprozesse in der Nachkriegszeit weiterhin als alteingesessene Sachsen, Thüringer und Mecklenburger. Auch in wissenschaftlichen Publikationen der Geographie und anderer Regionalwissenschaften (Regionalgeschichte, Regionalökonomie und -soziologie, Rechtsgeschichte usw.) blieb der Bezug zur Länderstruktur in der Folgezeit zumindest fragmentarisch erhalten (vgl. dazu weiter unten!).

In der offiziellen Politik, in Verwaltung und Wirtschaft der DDR traten jedoch die 14 Bezirke an die Stelle der fünf Länder. Der Ostsektor der geteilten Stadt Berlin wurde als Hauptstadt der DDR den Bezirken gleichgestellt. Die Funktionen der beseitigten Landesregierungen wurden – stark weiter eingeengt – den „Räten der Bezirke" übertragen. Diese wurden zwar von den Bezirkstagen als ausführende Organe gewählt, waren jedoch gleichzeitig unmittelbar staatliche Verwaltungsbehörden des Gesamtstaates – der DDR und deren Regierung. Dadurch besaßen die Fachabteilungen der Räte der Bezirke eine doppelte Nachordnung. Sie unterstanden gleichzeitig den zentralen Fachministerien der Regierung der DDR und der Leitung der Räte der Bezirke (dem Ratsvorsitzenden, seinen Stellvertretern und dem Sekretariat der Räte). Die Räte der Kreise waren entsprechend strukturiert und den übergeordneten Ebenen unterstellt.

Parallel zum Staatsaufbau organisierten sich spiegelbildlich der Parteiapparat der SED (Zentralkomitee/Politbüro/Sekretariat; Bezirks- und Kreisleitungen sowie deren Sekretariate) und der anderen „Blockparteien" sowie die gesellschaftlichen Massenorganisationen. Dies führte zu einer gewaltigen Aufblähung des Verwaltungsapparates auf zentraler sowie auf der Bezirks- und Kreisebene, wohingegen die Verwaltung auf der untersten – kommunalen – Ebene in den kreisangehörigen Stadt- und Landgemeinden stark eingeengt, beschnitten und vernachlässigt wurde.

Mit dieser Verwaltungsreform wurden also die föderativen Strukturen aufgelöst, die Länder und historischen Kreise verschwanden. Indem 14 Bezirke gebildet und diese in kleinere Kreise untergliedert wurden, setzte die SED das Prinzip des „Demokratischen Zentralismus" vollends durch und sicherte das Verwaltungsmonopol des Staates in allen seinen Bereichen und auf allen Ebenen.

Die räumliche Aufgliederung der fünf Länder in 14 Bezirke hatte im einzelnen die in Abb. 8 und Farbkarte 1 dargestellte territoriale Gestalt und Wirkung.

Das Land *Mecklenburg* wurde in die drei Bezirke Neubrandenburg, Rostock und Schwerin aufgeteilt, wobei dem Bezirk Schwerin Teile der

4 Länderauflösung und Bezirksgliederung

Abb. 8: *Bezirke, Stadt- und Landkreise der DDR (Gebietsstand: 10. Juli 1952) (Quelle: Statistisches Zentralamt der DDR, Berlin 1952; in: Statistische Praxis, Berlin 1952, H. 7, Rückendeckel).*

brandenburgischen Westprignitz und dem Bezirk Neubrandenburg bedeutende Teilregionen der dem Land Brandenburg zugehörigen Uckermark (Kreis Prenzlau, Teile des Kreises Templin) zugeschlagen wurden.

Das Land *Brandenburg* bildete die Hauptsubstanz für die drei Bezirke Cottbus, Frankfurt (O.) und Potsdam. Das Territorium des Bezirkes Potsdam wurde in seinem westlichen Teil durch Gebiete der Kreise Burg und Genthin (Land Sachsen-Anhalt) ergänzt. Besonders heterogen wurde der Bezirk Cottbus zusammengesetzt. Neben brandenburgischem Gebiet enthielt er Territorien der Kreise Liebenwerda, Herzberg und Wittenberg (Land Sachsen-Anhalt) sowie der Kreise Torgau, Niesky und Hoyerswerda (Land Sachsen).

Das Land *Sachsen-Anhalt* büßte bedeutende Teile seines Territoriums gegenüber den Bezirken Cottbus, Potsdam, Leipzig und Erfurt ein und wurde in die beiden Bezirke Halle und Magdeburg aufgeteilt.

Das Land *Thüringen* zerfiel in drei Bezirke (Erfurt, Gera und Suhl) und verlor den Kreis Altenburg an den sächsisch geprägten Bezirk Leipzig, während Teile des Kreises Kölleda (Land Sachsen-Anhalt) an den Bezirk Erfurt abgegeben wurden.

Das Land *Sachsen* wurde in die drei Bezirke Dresden, Chemnitz (1953–1990 Karl-Marx-Stadt) und Leipzig aufgegliedert, wobei Teile des Kreises Torgau (Sachsen-Anhalt) an die Bezirke Dresden und Leipzig sowie Teile des Saalkreises und der Kreise Delitzsch, Bitterfeld, Merseburg, Liebenwerda und Wittenberg (Sachsen-Anhalt) sowie der Kreis Altenburg (Thüringen) an den Bezirk Leipzig kamen. Teile des Kreises Greiz (Thüringen) wurden dem Bezirk Chemnitz (Karl-Marx-Stadt) zugeordnet.

Der Zuschnitt der neuen Bezirke hielt sich also nicht an die zuvor existierenden Ländergrenzen. Dennoch blieb eine Ähnlichkeit zwischen Gruppen von Bezirken und ehemaligen Ländern bestehen (vgl. Abb. 8 und Farbkarte 1, S. 116).

4.2 Aspekte der Bezirksgliederung

1. Der politische Aspekt
Mit der Auflösung der fünf Länder und der politisch-territorialen Neugliederung in 14 Bezirke und die Hauptstadt Berlin (Ost), die Bezirksstatus erhielt, sowie mit der Vergrößerung der Anzahl der Stadt- und Landkreise von 143 auf 217 (einige Stadtkreise wurden erst in der Folgezeit neu gegründet) sollte allgemein eine größere Annäherung von Bürgern und staatlichen, gesellschaftlichen und Parteiorganen und damit eine höhere Bürgernähe der Verwaltung erreicht werden.

Gleichzeitig sollten unter feudalistischen und bürgerlich-demokratischen

4 Länderauflösung und Bezirksgliederung

Tab. 4: *Veränderung der Einwohnerzahl ausgewählter Städte 1950–1989*

Städte	Einwohner (1950)	Einwohner (1989)	Veränderung 1950–1989 (in Personen)	(in %)
Neubrandenburg	22 412	90 953	68 541	305,8
Neustrelitz	26 780	26 736	− 44	− 0,16
Suhl	24 020	56 125	32 105	133,7
Meiningen	23 484	25 474	1 190	8,5

Quelle: Nach Statist. Jhb. der DDR 1990, S. 10/11 zusammengestellt und berechnet.

Verhältnissen entstandene bzw. erhaltene Regionalstrukturen geschwächt, andererseits der Aufbau bestehender und neuer Zentren der Arbeiterklasse und deren Partei (SED) sowie der Industrie gestärkt werden. Die Bevorzugung und Profilierung der neuen Bezirksverwaltungszentren Neubrandenburg und Suhl gegenüber den traditionsreichen mecklenburgischen bzw. thüringischen Residenz-, Verwaltungs- und Kulturstädten Neustrelitz und Meiningen sind dafür Beispiele. Der forcierte Ausbau der neuen Verwaltungsstädte Neubrandenburg und Suhl durch verstärkte Industrialisierung, Erweiterung der Infrastruktur insbesondere im Bereich des periodischen und seltenen (episodischen) Bedarfs sowie die dortige Konzentration des Wohnungsneubaus auf Kosten historischer Zentren und zahlreicher Kleinstädte spiegelte sich auch in der erheblichen Zunahme ihrer Einwohnerzahl im Zeitraum von 1950 bis 1989 wider (vgl. Tab. 4).

Darüber hinaus gab es auch pragmatische Entscheidungen aus anderen politischen Gründen. So spielten z. B. bei der Wahl Potsdams zum Verwaltungssitz des flächengrößten Bezirkes anstelle des auch in Erwägung gezogenen traditionsreichen Industrie- und Arbeiterzentrums Brandenburg andere Kriterien eine wesentliche Rolle. Potsdam war bis 1945 Hauptort des gleichnamigen Regierungsbezirkes und danach Sitz der brandenburgischen Landesregierung und besaß bereits Einrichtungen für die neuen politisch-administrativen und geistig-kulturellen Funktionen einer Bezirksstadt. Außerdem wurde in Rechnung gestellt, daß Potsdam und sein Einzugsgebiet durch die Teilung Berlins in eine ungünstige Grenzlage gebracht worden war. Die zudem industriearme und stärker kriegszerstörte Großstadt benötigte aufgrund dessen neue politische und wirtschaftliche Impulse. Sie wies dann auch im Vergleich zur „Konkurrenz" Brandenburg in der Folgezeit eine dynamischere Entwicklung insbesondere im Bereich der Einwohnerzahlen auf (vgl. Tab. 5).

Die neue Kreisgliederung hielt sich nur in seltenen Fällen an historische Landschaften, die beispielsweise vor allem im Land Brandenburg (siehe

4.2 Aspekte der Bezirksgliederung

Tab. 5: Veränderung der Einwohnerzahlen in den Städten Brandenburg und Potsdam 1950–1989

Städte	Einwohner (1950)	Einwohner (1989)	Veränderung 1950–1989 (in Personen)	(in %)
Potsdam	118180	141430	23250	19,7
Brandenburg	82215	93441	11226	13,7

Quelle: wie Tab. 4.

oben) die Grundlage für die alte Kreiseinteilung dargestellt hatten. Im Süden (Thüringen, Sachsen), aber auch in einigen nördlichen Gebieten (Uckermark, Prignitz) wurden komplizierte Grenzverläufe bereinigt. Bemerkenswert war auch der Zuschnitt einiger Bezirke unter sicherheits- und militärpolitischen Gesichtspunkten. Die Ostseeküste der DDR wurde *einem* Bezirk, nämlich Rostock, zugeordnet. Analog wurde das Grenzgebiet zum Westteil Berlins in seiner Gesamtheit dem Bezirk Potsdam zugewiesen.

Auch differierten die Einzugsgebiete der oberzentralen Bezirksstädte („Hauptstädte" der Bezirke) gemessen an dem Prozentanteil der Bevölkerung der Bezirksstadt an der Gesamtbevölkerung des Bezirkes erheblich (Tab. 6).

Ob Leipzig, nach Berlin (Ost) die größte Stadt der DDR mit dem deutlich höchsten Anteil an der Gesamtbevölkerung des Bezirks (fast zwei Fünftel) und gleichzeitig relativ geringem Bezirkseinzugsgebiet, bezüglich Fläche und Wohnbevölkerung somit ein verhältnismäßig kleiner Bezirk, als „heimliche Hauptstadt der DDR" der fünfziger und Anfang der sechziger Jahre in ihrer weiteren Entwicklung – vor allem in Relation zu Ostberlin – gehemmt werden sollte (diese Vermutung wurde von Leipziger Politikern und Wissenschaftlern bereits in der „Vorwendezeit" geäußert), ist u. E. nicht nachgewiesen. Tatsache ist jedoch, daß Leipzig von allen Bezirksstädten zu Zeiten der DDR die ungünstigste Entwicklung genommen hat. Dies spiegelt sich quantitativ beim Vergleich der Veränderung der Einwohnerzahlen aller Bezirksstädte im Zeitraum von 1950 bis 1989 wider (Tab. 7).

Leipzig war für die Aufgaben, die es in der Nachkriegszeit unter den Bedingungen des geteilten Deutschlands und der Abgrenzungspolitik der DDR ausüben konnte, unverhältnismäßig groß. Die sächsische Regionalmetropole besaß vor dem Krieg Wirtschafts- und Handelsbeziehungen zu allen Teilen des Deutschen Reiches. Diese waren nun gekappt, und die Nachkriegsentwicklung Leipzigs kümmerte in besonderem Maße. Unter anderem hatte Leipzig auch als einzige Bezirksstadt eine Bevölkerungsabnahme zu verzeichnen. Diese Entwicklungen lassen den Zusammenhang er-

4 Länderauflösung und Bezirksgliederung

Tab. 6: Anteil der Bevölkerung der Bezirksstädte an der Bevölkerung der gleichnamigen Bezirke der DDR (Stand: 31. 8. 1950)

Bezirksstädte/Bezirke[1]	Anteil der Bevölkerung in %	Bezirksstädte/Bezirke[1]	Anteil der Bevölkerung in %
Leipzig	37,8	Gera	13,0
Dresden	25,0	Chemnitz	12,6
Magdeburg	17,5	Potsdam	10,0
Rostock	15,8	Frankfurt/O.	8,6
Erfurt	13,8	Cottbus	7,5
Halle	13,6	Suhl	4,9
Schwerin	13,6	Neubrandenburg	3,2

[1] Reihenfolge nach Größe des Bevölkerungsanteils der Bezirksstädte.
Quelle: wie Tab. 4.

kennen, daß sich die wirtschaftlich und sozial, ökologisch und städtebaulich gegenüber anderen Großstädten der DDR benachteiligte Stadt nicht zufällig zum Zentrum der Opposition gegen das DDR-Regime sowie zum Ausgangspunkt der politischen Wende in der DDR im Herbst 1989 entwickelt hat.

Während die kleineren Bezirksstädte (Mittelstädte und kleine Großstädte) in den mecklenburgischen und brandenburgischen Bezirken (zusammen mit dem thüringischen Suhl) die höchsten Wachstumsraten aufwiesen und Rostock auch hinsichtlich des absoluten Wachstums sogar Ostberlin als größte Stadt und DDR-Hauptstadt übertraf, nahmen die größeren Bezirksstädte der sächsischen und sachsen-anhaltischen Bezirke (relativ und absolut gesehen) die hinteren Plätze ein. Leipzig fiel, wie beschrieben, völlig aus dem allgemeinen Rahmen der Bezirksstadtentwicklung in der DDR.

2. Der wirtschaftliche und soziale sowie raumordnerische Aspekt

Bei der Bildung einiger Bezirke wurden neben den o. g. allgemeinen politischen Gründen auch speziellere wirtschaftliche, soziale und raumplanerische Aspekte ins Kalkül gezogen. So wurde der Bezirk Cottbus aus Teilregionen der Länder Brandenburg, Sachsen-Anhalt und Sachsen gebildet und unter Beachtung der dort vorhandenen, für die Wirtschaft der DDR relevanten Naturressourcen abgegrenzt; über die Hälfte der technisch-ökonomisch nutzbaren Braunkohlevorkommen der DDR lagerten dort. Auf der Grundlage einer vielseitigen wirtschaftlichen Nutzung der hier vorhandenen einheimischen Roh- und Brennstoffe (vor allem Braunkohle, Glassande, Tonerden, Kiese) sollte in diesem Bezirk die wirtschaftliche und soziale

4.2 Aspekte der Bezirksgliederung

Tab. 7: *Veränderung der Einwohnerzahl der DDR-Bezirksstädte 1950–1989*

Stadt[1]	Einwohner (31. 8. 1950)	Einwohner (31. 12. 1989)	Veränderung 1950–1989 (in Personen)	(in %)
Neubrandenburg	23 018	90 953	67 935	295,1
Cottbus	60 874	128 943	68 069	111,8
Suhl	27 878	56 125	28 247	101,3
Rostock	133 591	252 956	119 365	89,4
Frankfurt/O.	55 514	87 126	31 612	56,9
Schwerin	93 990	129 492	35 502	37,8
Gera	98 576	132 257	33 681	34,2
Potsdam	118 180	141 430	23 250	19,7
Erfurt	188 650	217 035	28 385	15,1
Halle	289 119	321 684[2]	32 565	11,3
Magdeburg	266 248	288 355	22 107	8,3
Chemnitz	293 373	301 918	8 545	2,9
Dresden	494 187	501 417	7 230	1,5
Leipzig	617 574	530 010	− 87 564	− 14,2
Berlin (Ost)	1 189 074	1 279 212	90 138	7,5

[1] Reihenfolge nach dem relativen Wachstum der Einwohnerzahl.
[2] Halle und Halle-Neustadt zusammen, die im Jahre 1990 auch administrativ vereinigt wurden.
Quelle: wie Tab. 4.

Rückständigkeit einer strukturschwachen Region überwunden werden, gleichzeitig aber unter zeitweilig überzogenen Autarkiebestrebungen das führende Energiezentrum der DDR entwickelt werden. Dies ist dann auch – verbunden mit einem tiefgreifenden wirtschaftlichen und sozialen Struktur und Landschaftswandel und verheerenden ökologischen Begleiterscheinungen – erfolgt.

Hierzu gehörten fortschreitende Devastierung der Landschaft durch den Braunkohlenbergbau; starke Verunreinigung von Luft, Gewässern und Boden durch Abprodukte des Kohleeinsatzes in Großkraftwerken, Brikettfabriken, Kokereien und Gasereien sowie die Grundwasserabsenkung durch den Bergbau.

Die dabei entstandene starke innergebietliche Verflechtung im Bezirk Cottbus im wirtschaftlichen, sozialen und landschaftsökologischen Bereich hat für die Länderneugliederung (vgl. Abschnitt 6) erhebliche Probleme verursacht.

Über die Küstenregion, die dem Bezirk Rostock zugeordnet wurde, mußte ein erheblicher Teil des Außenhandels der DDR abgewickelt werden.

Hier wurden die Seehäfen ausgebaut, insbesondere Rostock, das die Funktion eines Überseehafens der DDR übernehmen mußte, nachdem Stettin und Hamburg abgeschnitten waren. Auch die Werftindustrie wurde staatlicherseits stark gefördert und erweitert. Neue Werften entstanden in Wismar, Rostock, Stralsund und Wolgast nicht zuletzt unter den Vorgaben des von der UdSSR dominierten „Rates für gegenseitige Wirtschaftshilfe" (RGW/COMECON).

Der Bezirk erhielt ferner durch das staatlich geplante Erholungswesen und den Tourismus wirtschaftliche Impulse. Durch die küstennahe Binnengrenze des Bezirkes Rostock wurden die wirtschaftlichen und sozialen Hinterlandsbeziehungen (Land- und Nahrungsgüterwirtschaft, Zulieferindustrie, regionale Arbeitsmarktbeziehungen – Arbeitspendelwanderungen) zu den mecklenburg-vorpommerschen Binnenbezirken Schwerin und Neubrandenburg beschnitten und graduell behindert, jedoch nicht zerstört.

3. Der Leitungs- und Planungsaspekt

Wenn auch in der zentralistisch geprägten Leitung, Planung und Kontrolle der Volkswirtschaft der DDR das sektorale (Zweig-)Prinzip und ferner die vertikale, von oben nach unten gerichtete Kommandostruktur vorherrschte, so gab es dennoch wichtige Bereiche von Wirtschaft und Gesellschaft, in denen horizontal gerichtete, an politisch-administrative Raumeinheiten, also an die *örtlichen Staatsorgane* der Bezirke, Kreise, Gemeinden gebundene Leitung, Planung und Kontrolle wirksam wurde. Dies traf vor allem zu auf

– Parteien und gesellschaftliche Massenorganisationen,
– bezirks- und kreisgeleitete Industrie-, Bau- und Verkehrskombinate bzw. -betriebe,
– große Teile von Land- und Nahrungsgüterwirtschaft,
– als Ratsbereiche bezeichnete Bestandteile des tertiären Sektors bzw. der sozialen Infrastruktur (Wohnungs-, Gesundheits- und Sozialwesen; Bildung und Kultur; Handel und Versorgung sowie Dienstleistungen).

Deren räumliche Struktur und Entwicklung wurde somit – über längere Zeitabschnitte betrachtet – wesentlich von der Verwaltungsgliederung in Bezirke, Stadt- und Landkreise (vgl. Abb. 8) geprägt. Unterstützt wurde dies durch die Tatsache, daß die Bezirksgrenzen seit 1952 gänzlich und die Kreisgrenzen bis auf wenige neugebildete Stadtkreise (Greifswald, Neubrandenburg, Schwedt (O.), Eisenhüttenstadt, Suhl, Halle-Neustadt und dessen Zusammenlegung mit Halle) und drei aufgelöste Stadtkreise im Bezirk Chemnitz (1953 bis 1990 Karl-Marx-Stadt) – Johanngeorgenstadt, Schneeberg, Schwarzenberg – sowie drei zusammengelegte bzw. aufgeteilte Landkreise in der Altmark (Seehausen, Tangerhütte, Kalbe/Milde) unverändert blieben. Dagegen verringerte sich die Anzahl der Gemeinden in der DDR

4.2 Aspekte der Bezirksgliederung

vor allem durch die Zusammenlegung bzw. die Eingemeindung kleiner Landgemeinden von 1950 bis 1989 von 9776 auf 7565, d.h. um 23,7%, merklich.

Allerdings waren bei den Einrichtungen der sozialen Infrastruktur sowohl räumlich fixierte, an die Bezirks- und Kreisgliederung weitgehend gebundene (z.B. Allgemeinbildung und medizinische Grundversorgung) als auch räumlich flexible bzw. variable, wesentlich von den Verhaltensweisen der Bevölkerung sowie den Entfernungs-, Verkehrs- und Erreichbarkeitsverhältnissen beeinflußte Funktionsgebiete (z.B. Handel und Versorgung, Dienstleistungen, Freizeit, Kultur und Erholung) zu unterscheiden (Lüdemann u.a. 1979). Auch Bündelungen beider Kategorien im Raum traten auf.

Mit der Verwaltungsneugliederung, durch die die Anzahl der regionalen Verwaltungseinheiten (auf Bezirks- und Kreisebene) wesentlich erhöht worden war, erfuhren einige Mittelstädte – als *Oberzentren der Bezirke* – und eine größere Zahl von Kleinstädten – als *Mittelzentren der Kreise* – eine zentralörtliche Aufwertung. Dies hat vor allem in den bisher schwach urbanisierten mecklenburg-vorpommerschen, brandenburgischen und z.T. auch thüringischen Bezirken zur Ausprägung eines relativ gleichmäßigen, hierarchisch gegliederten Zentralortsnetzes beigetragen. In den Verdichtungsräumen Sachsens, Sachsen-Anhalts und Thüringens war damit jedoch ein „Übersatz" von Verwaltungszentren (Kreisstädten) verbunden. Davon abgesehen waren aber die Zuschnitte der Landkreise weitgehend auf die schon vorher existierenden, verwaltungsunabhängigen zentralörtlichen Einflußbereiche der neuen Kreisstädte abgestimmt worden.

Einige der neuen Bezirksstädte (Suhl, Frankfurt/Oder, Neubrandenburg) erreichten weder das Funktionsspektrum noch das Ausstattungsniveau und auch nicht die Stadtgröße, die für die Oberzentren kennzeichnend sind. Eine solche Funktionsschwäche und Unterausstattung trifft in weit größerem Ausmaß auch auf zahlreiche Kreisstädte – bezogen auf die Ebene der Mittelzentren – in allen Teilen der ehemaligen DDR zu. Als Beispiele seien die Kreisstädte mit weniger als 10000 Einwohnern (Stand: 31.12.89) aufgeführt: Altentreptow, Gadebusch, Röbel, Sternberg und Strasburg (Mecklenburg-Vorpommern); Belzig, Calau, Gransee, Seelow, Zossen (Brandenburg); Havelberg, Hohenmölsen, Jessen, Klötze, Nebra, Osterburg, Querfurt, Wanzleben (Sachsen-Anhalt); Brand-Erbisdorf, Dippoldiswalde, Geithain, Marienberg, Rochlitz (Sachsen); Artern, Langensalza, Lobenstein, Schleiz, Schmölln, Stadtroda und Worbis (Thüringen). Inzwischen sind weitere 10 bis 15 Kreisstädte hauptsächlich durch Wanderungsverluste unter diese Schwelle abgesunken.

Auch unter den völlig neuen Bedingungen des Übergangs von der Planwirtschaft zur Marktwirtschaft, von der staatlichen Leitung und Planung zur

4 Länderauflösung und Bezirksgliederung

Tab. 8: Verhältnis der Extremwerte ausgewählter Kenngrößen der Bezirke der DDR Mitte der 80er Jahre

Kenngröße/Bezirk	Maximalwert	Minimalwert	Verhältnis
Fläche (km²)[1]	12 568	3 856	3,2 : 1
Einwohnerzahl	1 866 321	549 636	3,4 : 1
Einwohnerdichte (Einw./km²)[1]	311	57	5,5 : 1
Erwerbstätige (1000)	965	292	3,4 : 1
Erwerbstätige in der Landwirtschaft (1000)[1]	100	24	4,1 : 1
Erwerbstätige in der Industrie (1000)	465	63	7,7 : 1
Industrielle Bruttoproduktion (%-Anteil an der ind. Bruttoprod. der DDR)	16,1	1,9	8,6 : 1
Leistungen des prod. Handwerks (%-Anteil an den Leistungen des prod. Handwerks)	15,5	1,8	8,6 : 1

[1] Ohne Berlin (Ost).
Quelle: Ökonomische und soziale Geographie der DDR, Gotha 1990, S. 287.

freien Entscheidung der Unternehmen sollte bei der Vorbereitung einer durchaus notwendigen Kommunal- und Gebietsreform insbesondere auf der Ebene der Kreise, aber auch der Gemeinden die Wirksamkeit bestehender Verkehrs-, Versorgungs- und Zentralortnetze sowie traditioneller räumlicher Verhaltensweisen der Bevölkerung in gebührendem Maße berücksichtigt werden. Bürgernähe der Verwaltung auf regionaler und lokaler Ebene ist gerade unter den neuen Erfordernissen einer umfassenden Demokratisierung der Lebensverhältnisse in den neuen Ländern von besonderer Wichtigkeit. In diesem Zusammenhang dürfen jedoch die ehemaligen *Bezirke* und die noch immer bestehenden *Kreise* nicht mit objektiv existierenden, sich verändernden bzw. neu herausbildenden Wirtschafts- und Lebensgebieten, d. h. regional begrenzten Aktions- und Kommunikationsräumen der Menschen, gleichgesetzt werden. Sie erfordern durch die Vielfalt ihrer wirtschaftlichen, sozialen und ökologischen Strukturen und Prozesse vielmehr eine sehr differenzierte Betrachtung. Dies wird schon bei einem Größenvergleich der Flächen- und Bevölkerungspotentiale der Bezirke und Kreise deutlich. Im Durchschnitt verhielten sie sich (Stand: Ende der 80er Jahre) bezüglich ihrer Flächen wie 16 : 1 und hinsichtlich ihrer Bevölkerung wie 14 : 1.

Aber auch zwischen den *Bezirken* selbst traten gravierende Unterschiede hinsichtlich des Flächen-, Bevölkerungs-, Wirtschafts- und insbesondere des

4.2 Aspekte der Bezirksgliederung 67

Tab. 9: *Verhältnis der Extremwerte ausgewählter Kenngrößen der Kreise[1] der DDR Mitte der 80er Jahre*

Kenngröße/Kreise	Maximalwert		Minimalwert	Verhältnis
Fläche (km[2])	a)	1550	10	155,0 : 1
	b)	1550	134	11,6 : 1
Einwohnerzahl	a)	550641	17899	31,3 : 1
	b)	143961	17899	8,0 : 1
Einwohnerdichte (Einw./km[2])	a)	9348	33	283,3 : 1
	b)	452	33	13,7 : 1
Erwerbstätige insgesamt	a)	295635	7345	40,2 : 1
	b)	98606	7345	13,4 : 1
Erwerbstätige in der	a)	10172	52[2]	195,6 : 1
Land- und Forstwirtschaft	b)	10172	828	12,3 : 1
Erwerbstätige in der	a)	106779	957	111,6 : 1
Industrie	b)	67537	957	70,6 : 1
Erwerbstätige im tertiären Sektor	a)	74211	1628	45,6 : 1
(Infrastruktur)	b)	14521	1628	8,9 : 1

[1] Ohne Berlin (Ost). a) Stadt- und Landkreise, b) nur Landkreise.
[2] Die Stadtkreise Halle-Neustadt, Greifswald und Stralsund wiesen statistisch keine Erwerbstätigen in der Land- und Forstwirtschaft auf.
Quelle: Ökonomische und soziale Geographie der DDR, a. a. O., S. 287.

Industriepotentials auf (vgl. Tab. 8). An solche quantitativen Unterschiede sind unter dem bedeutenden Einfluß geographischer Lagebeziehungen auch sehr differenzierte qualitative Merkmale wirtschafts- und sozialräumlicher Einheiten gebunden (vgl. Ökonomische und soziale Geographie der DDR 1990).

Noch wesentlich gravierendere Unterschiede besaß die untere Verwaltungsebene der *Kreise* (vgl. Tab. 9).

Neben der Gliederung in Bezirke und Kreise waren und sind einerseits die vielfältigen wirtschafts- und sozialräumlichen Verflechtungen auf der regionalen Zwischenebene vor allem innerhalb von Stadt-Umland-Regionen (Stadtregionen, Zentrumsregionen) zu beachten. Diese werden auf politisch-administrativer Ebene häufig durch die Zuordnung von Stadtkreisen und in der Regel namensgleichen Landkreisen (z. B. Stadt- und Landkreise Rostock, Schwerin, Neubrandenburg, Potsdam, Cottbus, Leipzig, Erfurt) deutlich (vgl. Abb. 8).

Andererseits besitzen die Landkreise oft markante innere wirtschafts- und sozialräumliche – manchmal auch naturräumliche Differenzierungen. Diese stehen z. T. mit über die Kreise hinausgehenden divergierenden Funktionsverflechtungen in Wechselwirkung.

4.3 Die Bezirke und Kreise und ihr Verhältnis zu wirtschafts- und sozialräumlichen Einheiten

Die bereits aufgeführten und im folgenden noch zu nennenden Beispiele machen deutlich, daß räumliche Gliederungen auf Länder-, Bezirks- und Kreisebene in der Vergangenheit und auch in der Gegenwart objektiv existierende, relativ stabile und nur zum Teil bzw. über längere Zeit veränderbare natur-, wirtschafts- und sozialräumliche Strukturen nicht immer gebührend berücksichtigt haben. Diese Strukturen werden jedoch durch die Verwaltungsgliederung – zumindest partiell, graduell und langfristig – in ihrer Entwicklung beeinflußt. Wenn die übergreifenden gesellschaftlichen Ziele sowie komplexen Methoden und Instrumentarien der Raumordnung und Regionalplanung mit möglichst geringen Reibungsverlusten verwirklicht bzw. angewendet werden, d. h. „greifen" sollen, wird es notwendig sein, bei der politisch-administrativen Neugliederung und Festsetzung von Grenzverläufen raumgestaltende Elemente, d. h. Strukturen und Faktoren aus Natur, Wirtschaft und Gesellschaft weitgehend zu berücksichtigen.

Unter bestimmten Zielsetzungen ist auch die Zusammenfassung von Ländern, Bezirken und Kreisen nach sozialökonomisch und landschaftsbedingten Regionen denkbar und durchaus sinnvoll. Nicht zufällig wurden für räumliche Analyse-, Prognose- und Planungsarbeiten zu Zeiten der DDR die Bezirke in Anlehnung an

- die geographische Lage und räumliche Nachbarschaft,
- signifikante Gemeinsamkeiten der historisch-geographischen Genese und Entwicklung, vor allem die Zugehörigkeit zu den ehemaligen Ländern Mecklenburg, Brandenburg, Sachsen-Anhalt, Sachsen und Thüringen,
- daraus z. T. resultierende Gemeinsamkeiten bzw. Ähnlichkeiten bei wesentlichen wirtschafts- und sozialräumlichen, teilweise auch naturräumlichen Merkmalen, Entwicklungsbedingungen und -erfordernissen

in nachstehende *regionale Bezirksgruppen* zusammengefaßt[9]:
- Nördliche Bezirke (vorwiegend mecklenburg-vorpommersche Bezirke Rostock, Schwerin, Neubrandenburg);
- Mittlere Bezirke (Berlin/Ost als Hauptstadt der DDR, vorwiegend brandenburgische Bezirke Cottbus, Frankfurt an der Oder und Potsdam sowie Magdeburg mit der brandenburgischen Altmark und Gebiete mit ähnlicher Wirtschafts- und Sozialstruktur);
- Südwestliche Bezirke (Bezirke Erfurt, Gera, Suhl – nahezu deckungsgleich mit Thüringen);
- Südliche Bezirke mit Ballungsgebieten (vorwiegend sächsische Bezirke Dresden, Chemnitz, Leipzig und der mit Sachsen historisch und wirt-

schaftsräumlich eng verflochtene Bezirk Halle, zeitweilig Sachsen-Anhalt zugehörend).

Diese Bezirksgruppen hielten sich bis auf das Gebiet von Sachsen-Anhalt weitgehend an die alte, bis 1952 bestehende Ländergliederung, beachteten aber auch die Existenz wirtschaftsräumlicher Strukturen, insbesondere der Ballungszone im Süden der DDR. Mit dieser Raumgliederung läßt sich das gesellschaftlich relevante, historisch-geographisch entstandene, in der Nachkriegszeit unter DDR-Verhältnissen nur graduell verringerte und künftig wahrscheinlich unter den Bedingungen der Marktwirtschaft wieder zunehmende Süd-Nord-Gefälle innerhalb der wirtschafts- und sozialräumlichen Struktur Mittel- und Ostdeutschlands darstellen (Tab. 10).

Von Geographen wurden weitere räumliche Gliederungen der ehemaligen DDR erarbeitet, die u. a. für die Länderneugliederung im Jahre 1990 hätten von Belang sein können und die bei der noch ausstehenden Gebietsreform (auf Kreis- und Gemeindeebene) Beachtung finden sollten (Ökonomische und soziale Geographie der DDR, Gotha 1990, Abschnitt 3.1, S. 288 ff.).

Als wesentliche Beispiele solcher natur-, landschafts-, wirtschafts- und sozialräumlicher Gliederungen seien folgende skizziert:

Ausgehend von der Naturraumgliederung der DDR (nach Richter 1981, Abb. 9) und von der regionalen Flächennutzung in der DDR (nach Richter 1981 und Haase 1984, vgl. Abb. 10) und deren Verbindung wurde eine Grobgliederung der Landschaft nach Bezirksgruppen dargestellt (Abb. 11). Diese regionale Flächennutzungsstruktur läßt Beziehungen zur *wirtschaftsräumlichen Gliederung* der DDR erkennen (nach Scholz und Guhra 1985; vgl. Abb. 12). Diese wurde auf der Grundlage einer Gliederung der Erwerbstätigen nach Wirtschaftsbereichen auf Gemeindebasis sowie einer Gebietstypisierung (Agrargebiet, Industriegebiet, Ballungsgebiet und Erholungsgebiet) vorgenommen und in Form wirtschaftsräumlicher Struktureinheiten mittlerer Ordnung kartographisch fixiert.

In einem weiteren Versuch wurden auf einer breiteren Datenbasis insbesondere über den Urbanisierungs- und Industrialisierungsgrad nach einem mathematischen Algorithmus zunächst fünf wirtschafts- und sozialräumliche Typen von Mesoregionen bestimmt. Diese wurden unter Beachtung der geographischen Nachbarschaftslage und der größten Ähnlichkeit zu sieben Makroregionen zusammengefaßt (Thürmer 1985; Abb. 13).

Aus den hier kurz umrissenen weiteren Gliederungsversuchen der ehemaligen DDR sind unter besonderer Berücksichtigung der Bezirksgliederung folgende sechs sozioökonomisch determinierte und profilierte Makroregionen abgeleitet worden (vgl.: Ökonomische und soziale Geographie der DDR, 1990):

Tab. 10: *Ausgewählte wirtschafts- und sozialräumliche Strukturmerkmale der DDR Mitte der 80er Jahre, differenziert nach regionalen Bezirksgruppen*

Bezirksgruppe	Bevölkerungsdichte		Industriedichte		Industrialisierungsgrad		Verstädterungsgrad	
	Einw./km²	Vergleich mit ehem. DDR insges. in %	Ind.-Besch. je km²	Vergleich mit ehem. DDR insges. in %	Ind.-Besch. je 100 Einw.	Vergleich mit ehem. DDR insges. in %	%-Anteil der Wohnbev. in Gemeinden >2000 Einw.	Vergleich mit ehem. DDR insges. in %
Südliche Bezirke mit Ballungsgebieten	204	132	63	203	24	120	79	103
Südwestliche Bezirke	166	108	38	123	23	115	69	90
Mittlere Bezirke	129	84	21	68	16	80	79	103[1]
Nördliche Bezirke	79	51	10	32	13	65	70	91
Durchschnittswerte ehem. DDR insges.	154	100	31	100	20	100	77	100

[1] Der unvermutet hohe Wert der mittleren Bezirke beim Verstädterungsgrad wird wesentlich durch die Zuordnung der Millionenstadt Berlin (Ost) bewirkt.

Quelle: Ökonomische und soziale Geographie der DDR, Gotha 1990, S. 289, Tab. 89, verändert.

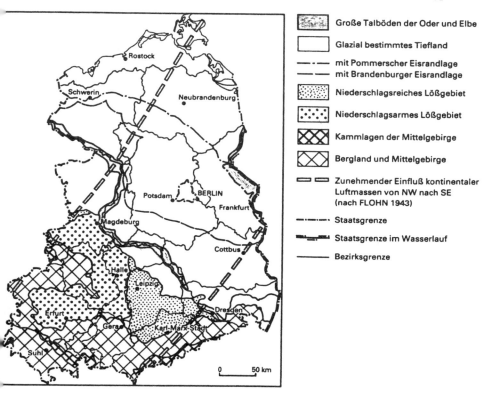

Abb. 9: *Regionale Naturraumgliederung der DDR (nach Richter 1981; Quelle: Ökonomische und soziale Geographie..., a. a. O., Abb. 78).*

(1) Die Küstenregion mit See- und Hafenwirtschaft, Erholungswesen und Landwirtschaft im Bezirk Rostock (im Land Mecklenburg-Vorpommern)
(2) Die nördliche Agrar-Industrie-Erholungsregion in den Bezirken Neubrandenburg und Schwerin (in den Ländern Mecklenburg-Vorpommern und Brandenburg)
(3) Die mittlere Industrie-Agrar-Region in den Bezirken Frankfurt (O.), Potsdam, Magdeburg und Cottbus (in den Ländern Brandenburg und Sachsen-Anhalt)
(4) Die hauptstädtische Ballungs- und Stadt-Umland-Region (in den Ländern Berlin und Brandenburg)
(5) Die räumlich geteilten südöstlichen und südwestlichen Dichteregionen in den Bezirken Cottbus, Dresden, Chemnitz (Karl-Marx-Stadt), Gera,

72   4 Länderauflösung und Bezirksgliederung

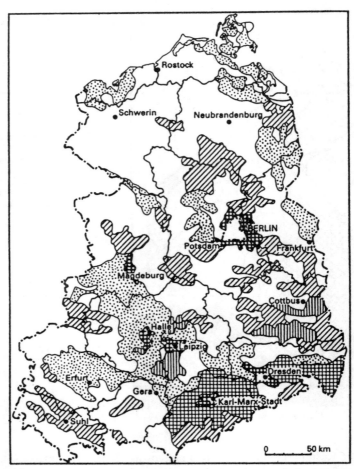

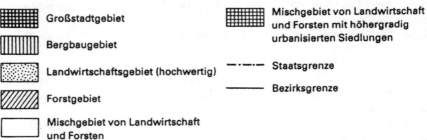

Abb. 10: Regionale Flächennutzung in der DDR (nach Richter 1981 und Haase 1984; Quelle: Ökonomische und soziale Geographie ..., a.a.O., Abb. 79).

4.3 Bezirke und Kreise

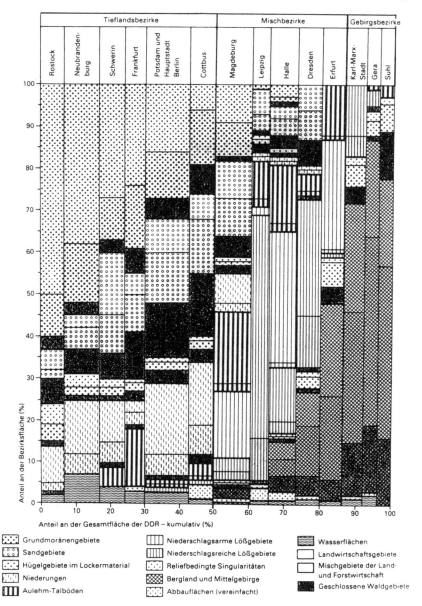

Abb. 11: *Flächenbilanz der Naturräume und Flächennutzungskomplexe der Bezirke der DDR, ohne die Flächen der Siedlungen und ihrer Randzonen (nach Richter 1976 und 1981; Quelle: Ökonomische und soziale Geographie..., a.a.O., Abb. 77).*

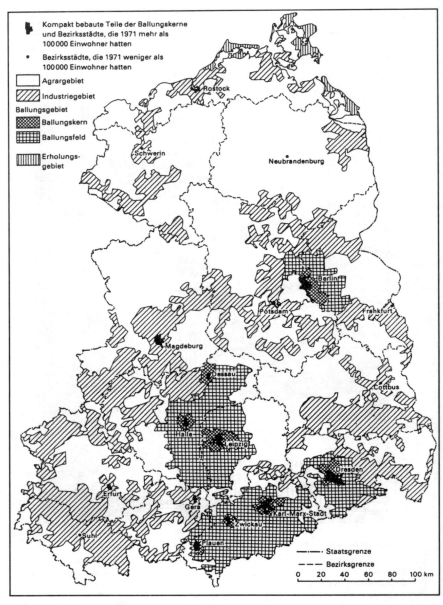

Abb. 12: *Wirtschaftsräumliche Struktureinheiten mittlerer Ordnung in der DDR (nach Scholz und Guhra 1985; Quelle: Ökonomische und soziale Geographie ..., a. a. O., Abb. 80).*

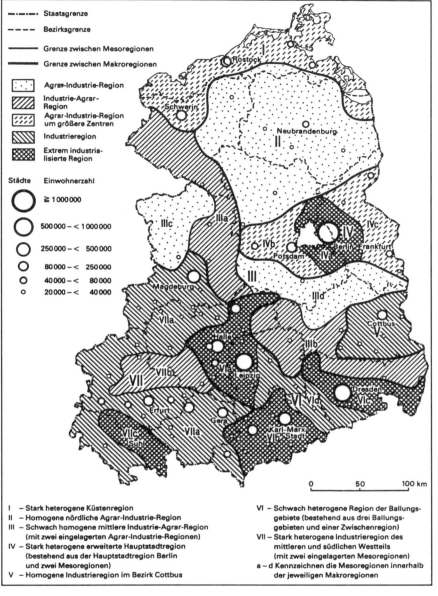

Abb. 13: *Makro- und Mesoregionen der DDR nach Wirtschaftsfunktion und Urbanisierung (nach Thürmer 1985; Quelle: Ökonomische und soziale Geographie ..., a. a. O., Abb. 82).*

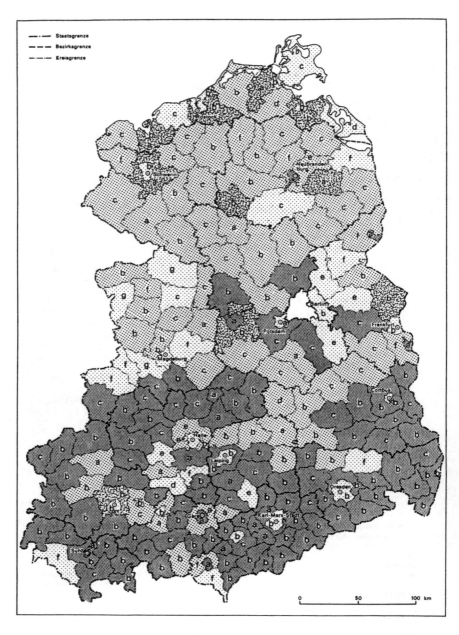

Abb. 14: *Funktionale Kreistypen für das Territorium der DDR Mitte der 80er Jahre (nach Scherf 1989) (Quelle: Ökonomische und soziale Geographie ..., a.a.O., Abb. 7).*

 Industriekreis

   a absolute Dominanz des Anteils der Berufstätigen in Industrie und Bauwirtschaft ($\geq$ 50 %),
Industriedichte $\geq$ 100 Berufstätige in Industrie und Bauwirtschaft/km^2
(Industrieballungskreis)
   b absolute Dominanz des Anteils der Berufstätigen in Industrie und Bauwirtschaft ($\geq$ 50 %),
Industriedichte < 100 Berufstätige in Industrie und Bauwirtschaft/km^2
(Industriekreis)
   c relative Dominanz des Anteils der Berufstätigen in Industrie und Bauwirtschaft vor dem
der übrigen Bereiche[1], Anteil der Berufstätigen in Land- und Forstwirtschaft < 20 %
(Industriekreis mit bedeutendem Infrastrukturanteil)

 Agrarkreis

   a absolute Dominanz des Anteils der Berufstätigen in Land- und Forstwirtschaft ($\geq$ 50 %,
Agrarkreis)
   b relative Dominanz des Anteils der Berufstätigen in Land- und Forstwirtschaft vor dem
der übrigen Bereiche[1], Berufstätige in Industrie und Bauwirtschaft < 20 %
(Agrarkreis mit bedeutendem Infrastrukturanteil)

 Dienstleistungs- bzw. Infrastrukturkreis

   a absolute Dominanz des Anteils der Berufstätigen in den übrigen Bereichen[1] ($\geq$ 60 %,
Kreise mit ausgeprägter Zentrumsfunktion – Stadtkreis)
   b absolute Dominanz des Anteils der Berufstätigen in den übrigen Bereichen[1] ($\geq$ 50 %),
Anteil der Berufstätigen in Industrie- und Bauwirtschaft $\geq$ 33 % (Kreis mit
ausgeprägter Zentrumsfunktion – Stadtkreis – und bedeutendem Industrieanteil)
   c absolute Dominanz des Anteils der Berufstätigen in den übrigen Bereichen[1] ($\geq$ 50 %)
   d absolute Dominanz des Anteils der Berufstätigen in den übrigen Bereichen[1] ($\geq$ 50 %),
Anteil der Berufstätigen in Industrie und Bauwirtschaft $\geq$ 33 %
   e relative Dominanz des Anteils der Berufstätigen in den übrigen Bereichen[1], geringe
Berufstätigenquote (< 40 Berufstätige / 100 Einwohner, Auspendlerkreis)
   f relative Dominanz des Anteils der Berufstätigen in den übrigen Bereichen[1] vor
dem der Industrie und Bauwirtschaft, Anteil der Berufstätigen in Land- und
Forstwirtschaft < 20 %
   g relative Dominanz des Anteils der Berufstätigen in den übrigen Bereichen[1] vor
dem der Land- und Forstwirtschaft, Berufstätige in Industrie und Bauwirtschaft < 20 %

 Mischkreis

   relativ ausgewogene Anteile der drei Berufstätigenbereiche (jeweils $\geq$ 20 %),
Abstufung nach der Reihenfolge der Relativanteile
   a Industrie-Infrastruktur-Agrarkreis
   b Infrastruktur-Industrie-Agrarkreis
   c Infrastruktur-Agrar-Industriekreis
   d Industrie-Agrar-Infrastrukturkreis
   e Agrar-Industrie-Infrastrukturkreis
   f Agrar-Infrastruktur-Industriekreis

---

1 Verkehr, Post- und Fernmeldewesen, Handel, nichtproduzierende Bereiche
(Dienstleistungen $\sim$ tertiärer Sektor)

Suhl, Erfurt, Halle und Magdeburg (in den Ländern Sachsen, Sachsen-Anhalt, Thüringen und Brandenburg – Südostteil)

(6) Die südliche Ballungszone in den Bezirken Halle, Leipzig, Chemnitz (Karl-Marx-Stadt) und Dresden (in den Ländern Sachsen und Sachsen-Anhalt).

Diese Makroregionen konnten weiter differenziert werden, indem z.B. funktionale Kreistypen bestimmt und kartographisch dargestellt wurden (Scherf 1989; Abb. 14).

5 Die Neubildung der Länder und ihr gegenwärtiger Zuschnitt (1989 bis 1992)

5.1 Anlaß und Entwicklung bis zum Ländereinführungsgesetz

Mit der im Herbst einsetzenden revolutionären Wende in der DDR, die primär gegen die Zwangsherrschaft des SED-Regimes gerichtet war, wurden auch im politisch-administrativen Bereich zwei raumwirksame Prozesse in Gang gesetzt: erstens die nationale Vereinigung zweier in der Nachkriegszeit aus den Besatzungszonen hervorgegangener deutscher Staaten und – damit verbunden – zweitens die Wiederbelebung und Neubildung föderativer Strukturen auf dem Gebiet der ehemaligen DDR.

Die große Mehrheit der Deutschen in der DDR wollte aus politischen und wirtschaftlichen, familiären und nationalen Gründen die „Wiedervereinigung". Viele von ihnen strebten dabei einen möglichst raschen Beitritt des Gebietes der DDR zum bisherigen Wirkungsbereich des Grundgesetzes, d. h. zur Bundesrepublik Deutschland („alte" Bundesländer) an. Es wurden auch Stimmen laut, die den Beitritt einzelner schnell zu bildender Länder (Sachsen, Thüringen) ins Auge faßten. In einzelnen Grenzregionen (u. a. Vogtland, Eichsfeld, Amt Neuhaus) wurde von dortigen Bewohnern die Einbeziehung in die benachbarten alten Bundesländer (Bayern, Hessen, Niedersachsen) gefordert.

Die Menschen in der DDR wollten sich zugleich der Verwaltungsstrukturen des zentralistischen Staatsapparates entledigen, die ihnen im Zuge der Verwaltungsreform im Jahre 1952 verordnet worden waren; damals waren traditionsreiche föderale und regionale Strukturen auf undemokratische Weise von der SED und der Regierung der DDR beseitigt worden.

Es ist sicher kein Zufall, daß zunächst und besonders im Süden der ehemaligen DDR – in Sachsen und Thüringen – der Ruf großer Teile der Bevölkerung nach Wiederherstellung der bis 1952 bestandenen Ländergliederung laut wurde.

Die besondere starke Betonung der regionalen und landsmannschaftlichen Identität der Sachsen war u. E. nicht nur ein Ergebnis der langen sächsischen Geschichte und relativ großer wirtschaftlicher, kultureller und semantischer Geschlossenheit in einem über eine historisch lange Zeitperiode räumlich reduzierten und verdichteten Kerngebiet. Sie war auch das Resultat der kritischen und in der DDR-Zeit zunehmenden oppositionellen Stellung vieler im sächsischen Raum lebender Menschen zur praktizierten Regionalpolitik der DDR-Führung. Sachsen war ursprünglich neben dem Berliner Raum das wirtschaftlich, sozial und kulturell am höchsten entwikkelte Land in der damaligen SBZ. Im Zuge der in DDR-Zeiten angestrebten Verringerung des historisch-geographisch entstandenen Süd-Nord-Gefälles durch die räumliche (interregionale) Umverteilung von Volkseinkommen, Investitionen, Baukapazitäten und Fachkräften war Sachsen in hohem Maße gegenüber den anderen Regionen und insbesondere Ostberlin als DDR-Hauptstadt sowie den jungen Aufbauzentren in den nördlichen und mittleren Bezirken benachteiligt worden.

Gleichzeitig wirkten sich in dem aus dem mitteldeutschen Industriebezirk hervorgegangenen größten Ballungsgebiet der ehemaligen DDR das jahrzehntelange industrielle Mißmanagement sowie eine verfehlte Regionalpolitik auf die Lebensbedingungen der Menschen besonders negativ aus. Die stark umweltbelastende Bergbau-, Energie- und Grundstoffindustrie sowie die hier ebenfalls regional konzentrierte und durchgängig vernachlässigte Leicht-, Verbrauchsgüter- und Zulieferindustrie mußten mit gravierenden Rückständen bei der Erhaltung und Erneuerung der Anlagen und der Infrastruktur produzieren. Dies war verbunden mit dem zunehmenden Verfall wertvoller Bausubstanz in zahlreichen Städten und Dörfern sowie mit starken Eingriffen in den Naturhaushalt.

Die Lebensqualität der Menschen hatte sich spürbar verschlechtert bzw. blieb hinter der anderer Regionen deutlich zurück. Dadurch wurde auch ein übermäßiger Bevölkerungsrückgang vor allem von Menschen im arbeits- und gebärfähigen sowie im Kindesalter hauptsächlich durch langanhaltende umfangreiche Binnen- und Außenwanderungsverluste verursacht. Diese Tendenz hat sich nach der Öffnung der innerdeutschen Grenzen mit dem Mauerfall (9. November 1989) noch verstärkt und hält seitdem weiter an.

Der Übergang von plan- zu marktwirtschaftlichen Bedingungen und die Neuentwicklung der kommunalen Selbstverwaltung ließen die Veränderung der politisch-administrativen Strukturen auf der unteren Ebene – auf Gemeinde- und Kreisbasis – dringlich erscheinen. Statt dessen konzentrierten sich die Diskussion in der Öffentlichkeit und die politischen Aktivitäten im Land eindeutig auf eine möglichst schnelle Veränderung der obersten Ebene. Die Auflösung der Bezirke – als Glieder zentralistischer Staatsmacht – und die Wiedereinführung von Ländern – als Ausdruck dezentraler, föderaler Strukturen – rückten in das Zentrum politischer Forderungen breiter Bevölkerungskreise sowie nahezu aller politischen Parteien und Strömungen. Während bei der Bevölkerung dabei das Emotionale oft das Rationale übertraf, spielten bei den politischen Parteien, Gruppierungen und Richtungen

5.1 Anlaß und Entwicklung bis zum Ländereinführungsgesetz

übergeordnete innen- und außenpolitische Gesichtspunkte eine beherrschende Rolle: Während der stürmisch verlaufenen politischen Veränderungen in der DDR wurde in öffentlichen Diskussionen, Demonstrationen und Veranstaltungen mit dem sich schnell verlagernden Akzent von „Wir sind *das* Volk" zu „Wir sind *ein* Volk" evident, daß sich die künftige politisch-territoriale Großgliederung der noch bestehenden DDR am Ziel der nationalen Vereinigung beider deutscher Teilstaaten (einschließlich beider Teile der ehemaligen und künftigen Hauptstadt Berlin) orientieren und ihr dienen mußte. Die rasche und unkomplizierte Beitrittsmöglichkeit und die damit einhergehende Neubildung der Länder nach Artikel 23 GG der Bundesrepublik Deutschland spielte dabei eine wesentliche und forcierende Rolle.

Die weitere Ausprägung des Föderalismus und Regionalismus in Gesamtdeutschland schien darüber hinaus einige – regional begrenzte – Möglichkeiten zu bieten, auf dem Gebiet der DDR Vorhandenes, neu Entstandenes und Bewahrenswertes über die neuen Bundesländer in das geeinte Deutschland sowie das sich schrittweise integrierende Europa einbringen zu können.

Für einen nach föderalistischen Prinzipien strukturierten gesamtdeutschen Bundesstaat – nach dem Vorbild der seit 1949 bestehenden Bundesrepublik Deutschland mit einem bewährten und international anerkannten politischen, wirtschaftlichen und sozialen System – konnte auf dem Gebiet der DDR an traditionsreiche Strukturen des Föderalismus und Regionalismus, an landsmannschaftliche Eigenständigkeiten insbesondere der Sachsen, Thüringer und Mecklenburger, die auch die unitaristischen und uniformierenden Bestrebungen und Bedingungen des vierzigjährigen Einheitsstaates DDR überlebt hatten, angeknüpft werden.

In *Sachsen* hoffte man von Anbeginn an, mit der Wiedereinführung der Länderstruktur unter marktwirtschaftlichen Bedingungen und mit dem Übergang zur kommunalen Selbstverwaltung auf künftige komparative wirtschaftliche und soziale Vorteile gegenüber anderen Territorien der ehemaligen DDR zu erzielen. Trotz der o. g. Einschränkungen des endogenen Entwicklungspotentials verfügt Sachsen über hervorragende wirtschaftliche und wissenschaftliche, mentale und kulturelle, demographische und natürliche Ressourcen.

Durch die nun stärkere regionale Bindung und Konzentration der Kräfte und Mittel bleiben die in den einzelnen Ländern erwirtschafteten Teile des Bruttosozialprodukts (BSP) und die dort vorhandenen Ressourcen besser verfügbar. Damit kann mit einer vergleichsweise schnelleren Erhöhung der wirtschaftlichen Effizienz und des Lebensstandards der Menschen in solchen neuen Bundesländern wie Sachsen gerechnet werden.

Neben diesen rationalen Überlegungen prägten in verschiedenen Teilen des Landes vor allem überlieferte Denk- und Vorstellungsweisen, z. T. auch emotional beeinflußte regionalistische Überhöhungen die Diskussion um die Verwaltungsneugliederung, wobei – insgesamt gesehen – die Wiederein-

> Friedenskreis der
> Sankt-Bartholomaei-Kirche
> zu Demmin in Vorpommern
>
> 2030 Demmin, den 14.2.1990
> Kirchplatz 7
>
> An das
> Kolloquium zur
> politisch-administrativen Territorialgliederung
> in der Humboldt-Universität zu Berlin
> Unter den Linden 6
>
> B e r l i n
>
> 1 0 8 0
>
> Im Namen und im Auftrag von rund 1000 versammelten Teilnehmern des Friedensgebetes am 14.2.1990 und der anschließenden Demonstration für Vorpommern übermitteln wir folgende
>
> R e s o l u t i o n
>
> Wir leben in Vorpommern. Darum arbeiten wir auch für Vorpommern in guter Nachbarschaft mit Mecklenburg und Polen in Zusammenarbeit mit Brandenburg.
> Wir wollen das Land V o r p o m m e r n !
> Deshalb fordern wir eine Volksabstimmung über Ländergrenzen, die Hauptstadt und die Struktur des Landes, in dem wir leben.

Abb. 15: Faksimile eines Briefes des Friedenskreises der Sankt-Bartholomaei-Kirche zu Demmin in Vorpommern vom 14.2.1990 an das Kolloquium zur politisch-administrativen Territorialgliederung an der Humboldt-Universität zu Berlin am 16.2.1990.

führung der bis 1952 bestandenen fünf Länder Thüringen, Sachsen, Sachsen-Anhalt, Brandenburg und Mecklenburg in das Zentrum der Forderungen rückte (Blaschke 1990 und 1991; Rutz 1990; Scherf und Zaumseil 1990). In Anlehnung an traditionelle landsmannschaftliche, politische, kirchliche, kulturelle u. a. regionale Bindungen wurde darüber hinaus die Bildung zusätzlicher Länder gefordert, die weder bei der alten Ländergliederung (bis 1952) noch bei der Verwaltungsgliederung in Bezirke entsprechend berücksichtigt worden waren (vgl. Farbkarte 5).

So wurde z. B. unter dem Einfluß kirchlicher Kreise in Vorpommern die

> **Lernt Sorbisch, solange noch Zeit ist**
> Sächsische Zeitung vom 17.2.90
> Junge Welt vom 15.2.90 Dr. Karl-Heinz-Hajna
>
> **Gegen die 3. Variante der Neugliederung des Territoriums der DDR**
>
> Sie beabsichtigen, mit dieser Variante die Wiedereinfuehrung der Laender (Sachsen, Sachsen-Anhalt usw.) zu verlassen und streben eine Neugliederung an. Dabei soll durch Zusammenfassung der Nieder- und Oberlausitz ein Land Lausitz mit der Hauptstadt Bautzen entstehen. Ferner teilen Sie mit, dass die Zustimmung der Evangelischen Kirche und der sorbischen Bevoelkerung vorliegt. In der Oberlausitz ist jeder zehnte Buerger Sorbe! Bei Erwaegung dieser Variante sollten Sie auch die anderen 90% der Einwohner befragen.
> Fuer mich gilt das nicht, ich bin dagegen!
>
> Bei weiterer Verfolgung dieser Idee garantiere ich Ihnen fuer eine massive Buergerbewegung.
> Die sorbische Bevoelkerung soll eine Heimat bei uns haben, aber nicht auf Kosten der Zergliederung meiner Heimat, denn ich fuehle mich nach wie vor als Sachse in der Oberlausitz.
>
> Ebersbach/Sa., den 19.2.1990
>
> Margot Eckert
> Mittelstr 21 /92-30
> 8705

Abb. 16: Faksimile eines Briefes einer Sächsin in der Oberlausitz in der ›Sächsischen Zeitung‹ vom 17. 2. 1990, bezogen auf einen Artikel in der ›Jungen Welt‹ vom 15. 2. 1990 von Dr. Karl-Heinz Hajna.

Bildung eines gesonderten Landes Vorpommern gefordert; die im Rest der ehemaligen Provinz Pommern wirkende Pommersche Landeskirche gab dafür ein Vorbild (Abb. 15 u. Farbkarte 5, S. 124). Die Teilung des Landes Mecklenburg-Vorpommern in Vorpommern mit rd. 8650 km^2 und nur rd. 650 000 Einwohnern sowie Mecklenburg mit rd. 15 200 km^2 Fläche und rd. 1,15 Mio. Einwohnern hätte zwei Kleinländer geschaffen, die ihrer Größe nach, vergleichbar mit dem Saarland, nur die vorletzten bzw. letzten Rangplätze unter den Flächenländern eines vereinten Deutschlands eingenommen hätten. Dies hätte gegen einige in Artikel 29 des Grundgesetzes der Bundesrepublik Deutschland verankerte wesentliche Kriterien der Ländergliederung wie Mindestgröße und wirtschaftliche Leistungskraft gröblichst verstoßen. Gleiche Gesichtspunkte trafen auch auf die in Erwägung gezogene Bildung eines Landes „Niederschlesien" mit der Hauptstadt Görlitz zu[10]. Auch ein neues Land „Lausitz" wurde gefordert. Es sollte aus den östlichen 15 Land- und zwei Stadtkreisen (Cottbus und Görlitz) der Bezirke Cottbus und Dresden mit rd. 8230 km^2 Fläche und 1,25 Mio. Einwohnern gebildet werden. Die regionale Zusammenfassung des Siedlungsgebietes der Sorben zu einem Land war als ein wesentliches Argument herangezogen worden; bei Teilen der deutschen Bevölkerung stieß diese Begründung auf heftigen Widerstand (Abb. 16). Die Forderung Rostocker und Leipziger Bürger nach Bildung *„freier Reichsstädte"* (Hansestadt Rostock, Messestadt Leipzig) fand in der Öffentlichkeit nur ein schwaches Echo.

Unter dem Druck der Diskussion und Forderungen der Bevölkerung „vor Ort" und auf der Straße, die sich auch in den alten und neuen politischen Parteien und Strömungen artikulierten, mußte die im November 1989 gebildete Koalitions- und Übergangsregierung der DDR reagieren. Schon in seiner Regierungserklärung vom 17. November 1989 hatte Ministerpräsident Modrow (SED) die Frage einer Verwaltungsreform aufgeworfen (Neues Deutschland vom 18./19. 11. 1989, S. 4). Sie wurde in der anschließenden Volkskammerdebatte von Hartmann (NDPD) und de Maizière (CDU) auf die Wiederherstellung der vor 1952 bestandenen Gliederung nach Ländern erweitert und zugespitzt (ebd., S. 5/6).

Politische Kreise und Vertreter der Verwaltungsbehörden in den Bezirken favorisierten aus politischen, verwaltungstechnischen und „persönlich gefärbten" Gründen die Zusammenlegung der bestehenden Bezirke zu Ländern, wobei man sich ebenfalls weitgehend an das Grundgerüst der alten Ländergliederung anlehnte. Bezeichnenderweise traten dabei nur die Vertreter der Bezirke Halle und Magdeburg (d. h. der stark reduzierten Kerngebiete des ehemaligen Landes Sachsen-Anhalt) für die alten Länder als Ausgangsbasis für die Länderneubildung ein.

In den Vorschlägen von Wissenschaftlern wurde ausgehend vom Artikel 29 GG der Bundesrepublik Deutschland in erster Linie unter dem Gesichtspunkt der Schaffung leistungsfähiger, wirtschaftlich relativ selbständiger sowie im künftigen gesamtdeutschen und europäischen Rahmen perspektivreicher größerer Länder, aber auch unter Beachtung landsmannschaftlicher Bindungen, regionaler Traditionen, wirtschaftsräumlicher Einheiten sowie von Erfordernissen der Raumordnung und Landesplanung, die Bildung von nur vier, drei oder zwei Ländern konzipiert und mit der 5-Länder-Variante verglichen (Blaschke 1990, Rutz 1990, Scherf und Zaumseil 1990).

5.1 Anlaß und Entwicklung bis zum Ländereinführungsgesetz

Dabei kristallisierte sich die Bildung von vier Ländern, nämlich Mecklenburg-Vorpommern, Brandenburg (mit oder ohne einer vereinigten Hauptstadt Berlin), Sachsen und Thüringen, als Kompromißvariante heraus; das Land Sachsen-Anhalt sollte nicht wiedererstehen (vgl. Farbkarte 4c).

Diese Lösung war zeitweilig auch in der Regierungskommission „Verwaltungsreform" als Alternative zur 5-Länder-Variante favorisiert worden. Die Arbeitsgruppe „Politisch-territoriale Gliederung" der o. g. Regierungskommission stützte sich auf folgende Kriterien für Vorschläge zur Länderbildung und -gliederung:

– Heimat- und Regionalverbundenheit der Bevölkerung; die kulturelle Identität der Bevölkerung von Regionen und regionale Eigenarten der Geschichte, wobei die kulturelle Autonomie der nationalen Minderheit der Sorben zu sichern ist;
– ausreichende Bevölkerung und Fläche, wirtschaftliche Zweckmäßigkeit und Wettbewerbsfähigkeit künftiger Länder im deutschen sowie – in wachsendem Maße – im europäischen Rahmen;
– bestehende funktionale Verflechtungen innerhalb von Ballungsgebieten, Stadt-Umland-Regionen u. a. sowie natur- und landschaftsräumliche Zusammenhänge;
– Erfordernisse der Raumordnung und Regionalplanung.

Damit verbunden waren historisch gewachsene Territorialstrukturen zu beachten, die sich ergaben
– aus der Territorialgliederung vor 1945, die regional unterschiedlich stark ausgeprägt und im Bewußtsein der Bevölkerung verhaftet war;
– aus der Ländergliederung, die nach 1945 geschaffen und in den Länderverfassungen von 1946/47 sowie in der Verfassung der DDR von 1949 verankert worden waren;
– aus der Bezirks- und Kreisgliederung von 1952, auf deren Basis sich relativ stabile wirtschafts- und sozialräumliche Strukturen entwickelt hatten (Scherf und Zaumseil 1990, S. 234).

Im Ergebnis der Diskussion bildeten sich drei Grundvarianten der Ländergliederung heraus, die in sehr differenzierter Weise die o. g. Kriterien gewichteten (vgl. Farbkarten 1 u. 2).

Grundvariante A: Gliederung in 5 Länder
Dabei wurden folgende drei Wege ihrer Bildung vorgeschlagen:
1. Wiedereinführung der Ländergliederung aus der unmittelbaren Nachkriegszeit (1945/47 bis 1952) mit und ohne Wiederbelebung damaliger Kreisstrukturen. Dabei auftretende Zuordnungsprobleme von Gebieten, die sich aus landsmannschaftlichen, ethnischen, wirtschafts- und planungsräumlichen Gründen ergaben, sind in Abb. 17 dargestellt.
2. Neugliederung in Anlehnung an die Bezirke und Bezirksgruppen, wodurch

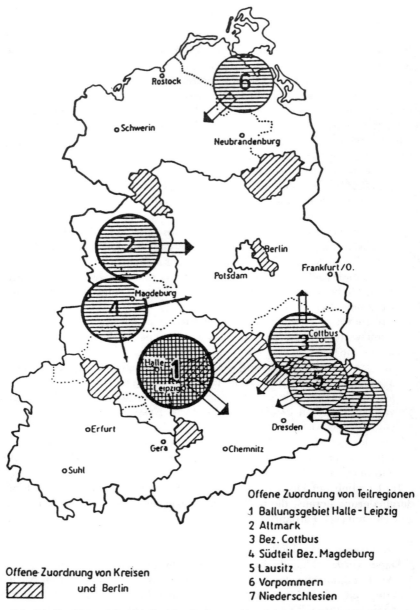

Abb. 17: *Problemgebiete der Ländergliederung (Quelle: Scherf, K. und L. Zaumseil: Zur politisch-administrativen Neugliederung des Gebiets der DDR. Politische und historische, geographische und raumordnerische Aspekte; in: Raumforschung und Raumordnung 48 [1990] 4–5, Karte 2).*

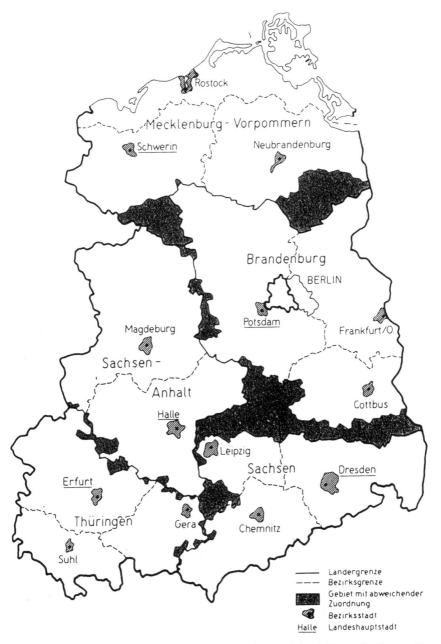

Abb. 18: Ländergliederung – Grundvariante A (Quelle: Scherf, K. und L. Zaumseil, a. a. O., Karte 1).

erhebliche Diskrepanzen zwischen traditionellen Regionalstrukturen, insbesondere Ländergrenzen bis 1952, und Bezirksgrenzen auftreten würden (Abb. 18).
3. Neugliederung der Länder in Anlehnung an die entsprechenden regionalen Bezirksgruppen (Stand 1990) unter Berücksichtigung der Resultate alternativer Bürgerentscheide und Beschlüsse der am 6. 5. 1990 neugewählten Kreistage in den Gebieten, in denen Abweichungen zwischen der Zugehörigkeit der Bevölkerung zu Bezirken (1990) und ehemaligen Ländern (1952) auftraten. Diesem „dritten Weg" wurde als Kompromißvariante gegenüber A_1 und A_2 der Vorzug gegeben.

Grundvariante B: Gliederung in 4 Länder
Diese Variante entstand als Kompromiß zwischen der traditions- und emotionsbetonten 5-Länder-Variante einerseits und den in erster Linie aus Effizienzgründen erarbeiteten Varianten der Bildung von wenigen leistungsstarken und eigenständigen Großländern andererseits, die sich auf ältere und aktuelle Arbeiten von Wissenschaftlern, Verwaltungsfachleuten und Kommissionen stützen (vgl. Preuss-Entwurf von 1919, Münchheimer 1954; Ergebnis der Ernst-Kommission 1973; Blaschke 1990 und 1991; Rutz 1990; Gobrecht 1990; Scherf, Zaumseil 1990 und die Farbkarten 4 und 5 sowie die Abb. 19 und 20).

Grundvariante C: Gliederung in 2 bis 3 Länder
Die 3-Länder-Lösung nach Blaschke (1990) lief mit der Zusammenfassung von Sachsen und Thüringen auf große Ungleichgewichte unter den neuen Bundesländern, sprich gegenüber Brandenburg und Mecklenburg-Vorpommern hinaus.

Die 2-Länder-Variante stellte einen „Nordstaat" (Mecklenburg/Brandenburg/Berlin) einem „Südstaat" gegenüber (Farbkarte 4a und 5, S. 122 u. 124) sowie Münchheimer 1954; Habicht 1990; Blaschke 1990; Gobrecht 1990; Rutz 1990).

Bei Scherf und Zaumseil (1990) wird wie bereits früher bei Münchheimer (1954) auch eine Variante mit dem Anschluß Westmecklenburgs an Scheswig-Holstein und Hamburg sowie von Ostmecklenburg und Vorpommern an Brandenburg dargestellt (vgl. Abb. 21).

Während die Variante B (4 Länder) auf besonders starke Ablehnung der Bevölkerung sowie der Regionalpolitiker in Sachsen-Anhalt stieß, erschien die 3- und insbesondere die 2-Länder-Variante generell erst und nur in einem vereinten Deutschland machbar zu sein (vgl. Abschnitte 6 und 7).

Die Dringlichkeit der Länderneubildung veranlaßte den im März 1990 gewählten neuen Ministerpräsidenten de Maizière, ein „Ministerium für Regionale und Kommunale Angelegenheiten" einzurichten; die oben genannte

5.1 Anlaß und Entwicklung bis zum Ländereinführungsgesetz

Kreise mit noch offener Zuordnung
1 Perleberg
2 Templin
3 Prenzlau
4 Jessen
5 Herzberg
6 Bad Liebenwerda
7 Senftenberg
8 Hoyerswerda
9 Weißwasser
10 Sangerhausen
11 Artern
12 Nebra
13 Naumburg
14 Altenburg
15 Schmölln

Abb. 19: Ländergliederung – Grundvariante B: Magdeburger Raum zu Sachsen (Quelle: Scherf und Zaumseil 1990).

90   5 Die Neubildung (1989 bis 1992)

Kreise mit noch offener Zuordnung
1 Perleberg
2 Templin
3 Prenzlau
4 Senftenberg
5 Hoyerswerda
6 Weißwasser
7 Aschersleben
8 Quedlinburg
9 Sangerhausen
10 Artern
11 Altenburg
12 Schmölln

Abb. 20: *Ländergliederung – Grundvariante B: Magdeburger Raum zu Brandenburg (Quelle: Scherf und Zaumseil 1990).*

5.1 Anlaß und Entwicklung bis zum Ländereinführungsgesetz

Abb. 21: Ländergliederung – Grundvariante C (Quelle: Scherf und Zaumseil 1990).

5 Die Neubildung (1989 bis 1992)

Kommission arbeitete weiter. Daneben wurden auch Stellungnahmen aus dem wissenschaftlichen Bereich abgegeben (vgl. u.a. Blaschke 1990 und 1991; Rutz 1990; Scherf u. Zaumseil 1990 und Tagung an der Humboldt-Universität zu Berlin, Februar 1990).

Die damit vorhandenen Ansätze, die Zahl und den Zuschnitt der neuen Länder sorgfältig abzuwägen, wurden jedoch von der Entwicklung überrollt. In den Bezirken bereiteten schon die Regierungsbevollmächtigten, die teilweise neu besetzten „Räte" und die „Runden Tische" Zusammenschlüsse zu Ländern vor. Diesen Bestrebungen kam es zugute, daß sich je zwei oder drei Bezirke zu einem von fünf neuen Ländern zusammenfügen ließen, die insgesamt in ihrem Zuschnitt den alten Ländern von 1952 ähnlich waren. Diese den alten Ländern ähnlichen Bezirksgruppen sind in folgender Übersicht aufgeführt und in Farbkarte 1 dargestellt:

Übersicht 12: Zusammensetzung der Bezirksgruppen als Vorläufer der neuen Länder

Land Mecklenburg-Vorpommern:
gebildet aus den Bezirken Schwerin, Rostock und Neubrandenburg;

Land Brandenburg:
gebildet aus den Bezirken Potsdam, Frankfurt (a. d. Oder) und Cottbus;

Land Sachsen-Anhalt:
gebildet aus den Bezirken Magdeburg und Halle (a. d. Saale);

Land Thüringen:
gebildet aus den Bezirken Erfurt, Suhl und Gera;

Land Sachsen:
gebildet aus den Bezirken Leipzig, Chemnitz und Dresden.

Die errungene Freiheit und die Öffnung zum Westen bewirkten auch, daß sich überall neue Organisationsstrukturen (Parteien, Verbände, Interessengemeinschaften) bildeten, die sich auch an diesen einstigen fünf Ländern ähnlichen Bezirksgruppen orientierten. Theoretische Überlegungen über die Vorteile einer geringeren Zahl von Ländern, wie sie sowohl im Ministerium als auch von unabhängiger Seite angestellt wurden (s.o. und Abschnitt 6.4), blieben wirkungslos. Unter dem Druck der spontanen Entwicklungen hatte die Regierung de Maizière keine Chance, in der Volkskammer einen Gesetzentwurf durchzubringen, der wesentlich andere als die bis 1952 existierenden fünf Länder vorsah.

Auf der anderen Seite erschien es unmöglich, die fünf Länder in ihren alten Grenzen wiedererstehen zu lassen. Dagegen sprachen die Überschneidungen zwischen 1952 neu gezogenen Kreisgrenzen und alten Ländergrenzen. 32 Kreise mit rd. 2 Mio. Einwohnern[11] hätten auf mehrere Länder aufgeteilt und die gerade erst am 6. Mai 1990 demokratisch gewählten neuen

Abb. 22: Bezirke und Kreise der DDR (Stand 1.1.1982) (Quelle: Statistisches Jahrbuch der DDR, Berlin 1982).

Kreistage hätten aufgelöst werden müssen (Abb. 22). Die Wiedererrichtung der Länder in den exakten Grenzen von 1952 wäre nur möglich gewesen, wenn eine Kreisgebietsreform vorangestellt worden wäre; dies war jedoch zeitlich erst recht nicht zu schaffen.

In der Regierungskommission zur Vorbereitung und Durchführung der Verwaltungsreform, genauer in deren Arbeitsgruppe „Administrativ-territoriale Gliederung", waren die o. g. möglichen Varianten durchdacht worden. Noch im April 1990 empfahl diese Arbeitsgruppe die Bildung von nur 4 Ländern, wonach der Bezirk Magdeburg zu Brandenburg und der Bezirk Halle zu Sachsen geschlagen werden sollten. Die politischen Kräfte, die auf die Wiedererrichtung des Landes Sachsen-Anhalt abzielten, waren jedoch bereits zu stark. Die Regierung de Maizière schlug die dafür ins Auge gefaßten Abstimmungen in den Bezirken Magdeburg und Halle gar nicht mehr vor.

So waren das Ministerium für Regionale und Kommunale Angelegenheiten und die ihm zuarbeitende Regierungskommission im Mai 1990 gezwungen, rasch einen Kompromiß zu suchen. Dieser mußte auf den Bezirksstrukturen aufbauen und dennoch zu Ländern führen, deren Zuschnitt dem der fünf Länder von 1952 möglichst ähnlich sein sollte. Dafür bot der Entwurf des am 22. Juli 1990 von der Volkskammer verabschiedeten Ländereinführungsgesetzes (LEG) eine praktikable Lösung.

5.2 Heutiger Zuschnitt als Folge des Ländereinführungsgesetzes

Ausgangsbasis für den Zuschnitt der fünf Länder Mecklenburg-Vorpommern, Brandenburg, Sachsen-Anhalt, Thüringen und Sachsen waren die Bezirksgruppen (vgl. Übersicht 12 und Farbkarte 1, S. 116). Deren Zuschnitt wich an mehreren Stellen erheblich von den alten Ländern ab (vgl. Farbkarte 2, S. 118). Deshalb sollten den Bewohnern derjenigen Kreise, die 1952 ganz (8 Kreise) oder überwiegend (7 Kreise) zu einem anderen Land gehört hatten, eine Abstimmungsmöglichkeit eingeräumt werden. In diesen 15 Kreisen fanden im Juni 1990 Bürgerbefragungen statt; danach entschieden die Kreistage, die aufgrund der Kommunalverfassung vom Mai 1990 ausschlaggebend waren[12]. Neun Kreise verließen den jeweiligen Bezirk, um in das alte Land zurückzukehren (Perleberg, Prenzlau und Templin zu Brandenburg; Jessen zu Sachsen-Anhalt; Artern, Schmölln und Altenburg zu Thüringen; Hoyerswerda und Weißwasser zu Sachsen). Sechs Kreise wollten zusammen mit ihrem bisherigen Bezirk demjenigen Land zugehören, das der Bezirk konstituierte (Bad Liebenwerda, Herzberg und Senftenberg zu Brandenburg; Delitzsch, Eilenburg und Torgau zu Sachsen). Die Übersichten 13 und 14 sowie die Farbkarte 2 erläutern dieses Ergebnis.

5.2 Heutiger Zuschnitt als Folge des Ländereinführungsgesetzes

Übersicht 13: *Die neuen Bundesländer und ihre konstitutiven Verwaltungseinheiten (Stand: 14.10.1990)*

Mecklenburg-Vorpommern	Brandenburg	Sachsen-Anhalt	Sachsen	Thüringen
Bezirke:	*Bezirke:*	*Bezirke:*	*Bezirke:*	*Bezirke:*
Rostock	Frankfurt a.d.O.	Halle	Dresden	Erfurt
Schwerin	Potsdam	ohne Kreis	Chemnitz	Gera
ohne Kreis	Cottbus	Artern	Leipzig	Suhl
Perleberg	ohne Kreise	Magdeburg	ohne Kreise	
Neubrandenburg	Jessen,		Altenburg	
ohne Kreise	Hoyerswerda		und Schmölln	
Prenzlau	und			
und Templin	Weißwasser			
	Kreise:	*Kreise:*	*Kreise:*	*Kreise:*
	Perleberg	Jessen	Hoyerswerda	Artern
	Prenzlau		Weißwasser	Altenburg
	Templin			Schmölln

Wie aus Übersicht 14 ablesbar, hatten sich einige Kreistage mit ihren Beschlüssen zur Zugehörigkeit der Kreise über die Meinung der Bürgermehrheit hinweggesetzt. Das trifft für die Kreise Altenburg, Senftenberg und Bad Liebenwerda zu.

Der *Kreis Altenburg* bildet zusammen mit dem westlich benachbarten *Kreis Schmölln* eine historische Einheit, nämlich den Ostteil des ehemaligen Herzogtums Sachsen-Altenburg (vgl. Abschnitt 2). In Altenburg selbst gab es schon vor der Abstimmung eine Bürgerbewegung für die Rückkehr nach Thüringen, selbstverständlich einschließlich des Kreises Schmölln. Die historischen Bezüge waren hierfür ausschlaggebend, obwohl beide Kreise zentralörtlich und wirtschaftlich auf Leipzig hin ausgerichtet sind. Es war die weit verbreitete Meinung, daß entweder beide Kreise bei Sachsen bleiben oder gemeinsam nach Thüringen zurückkehren. In den Bürgerbefragungen entschieden sich im Kreis Altenburg 54% für Sachsen, im Kreis Schmölln 82% für Thüringen; das ergab für beide Kreise gemeinsam eine Mehrheit von 55% für Thüringen. Weniger die Bürgerbefragung als vielmehr die im Kreistag hoch bewerteten historischen Bezüge und die stark beachtete wirtschaftliche Verflechtung beider Kreise untereinander sowie die Auffassung, der Kreis Altenburg passe besser in das mittelständisch orientierte Thüringen, gaben den Ausschlag dafür, daß 38 Kreistagsabgeordnete für Thüringen stimmten; 25 stimmten für Sachsen, 2 enthielten sich der Stimme. Gegen diesen Beschluß hat sich eine Bürgerinitiative gebildet. Die Aussichten

Übersicht 14: *Abstimmung in Kreisen, die vor Inkrafttreten des Ländereinführungsgesetzes ihre Landeszugehörigkeit wählen durften*

Kreis	bisheriger Bezirk (dessen Landeszugehörigkeit nach Bezirksgruppe)	Früh. Länderzugehörigkeit 1947–1952	Abstimmungsberechtigte (Wahlbürger)	Beteiligung an der Abstimmung (%)	Abstimmungsergebnis (%)				Kreistagsbeschluß, Angliederung an:
Prenzlau	Neubrandenburg (Mecklenb.-Vorp.)	Brandenburg (ganz)	33425	81,20	Mecklenb.-Vorp. 5,10		Brandenburg 93,60		Brandenburg
Templin	Neubrandenburg (Mecklenb.-Vorp.)	Brandenburg (ganz)	26226	62,30	Mecklenb.-Vorp. 3,90		Brandenburg 96,09		Brandenburg
Perleberg	Schwerin (Mecklenb.-Vorp.)	Brandenburg (fast ganz)	55412	62,51	Mecklenb.-Vorp. 21,51		Brandenburg 78,49		Brandenburg
Hoyerswerda	Cottbus (Brandenburg)	Sachsen (fast ganz)	80307	57,10	Brandenburg 12,20		Sachsen 87,80		Sachsen
Senftenberg	Cottbus (Brandenburg)	Sachsen und Brandenburg[1]	81907	61,70	Brandenburg 45,90		Sachsen 54,10		Brandenburg[2]
Weißwasser	Cottbus (Brandenburg)	Sachsen (fast ganz)	42317	69,40	Brandenburg 17,80		Sachsen 82,20		Sachsen
Bad Liebenwerda	Cottbus (Brandenburg)	Sachsen-Anhalt (ganz)	40601	58,50	Sachsen-Anhalt 21,40[3]		Brandenburg 25,50[3]		Brandenburg[2]
Herzberg	Cottbus (Brandenburg)	Sachsen-Anhalt (ganz)	28232	71,50	Sachsen-Anhalt 38,60		Brandenburg 61,40		Brandenburg
Jessen	Cottbus	Sachsen-Anhalt			Sachsen-Anhalt		Brandenburg		Sachsen-Anhalt

Delitzsch	Leipzig (Sachsen)	Sachsen-Anhalt (ganz)	41 018	78,29	Sachsen-Anhalt	10,74	Sachsen	89,26	Sachsen
Eilenburg	Leipzig (Sachsen)	Sachsen-Anhalt (ganz)	37 227	74,79	Sachsen-Anhalt	10,35	Sachsen	89,64	Sachsen
Torgau	Leipzig (Sachsen)	Sachsen-Anhalt (ganz)	41 375	56,46	Sachsen-Anhalt	6,26	Sachsen	93,74	Sachsen
Artern	Halle (überwiegend Sachsen-Anhalt)	Thüringen und Sachsen-Anhalt	40 993	78,30	Sachsen-Anhalt	11,35[4]	Thüringen	64,03[4]	Thüringen
Altenburg	Leipzig (Sachsen)	Thüringen (fast ganz)	78 685	55,33	Sachsen	53,81	Thüringen	46,19	Thüringen[2]
Schmölln	Leipzig (Sachsen)	Thüringen (fast ganz)	25 073	60,72	Sachsen	18,08	Thüringen	81,92	Thüringen

[1] Außerdem vier Gemeinden aus Sachsen-Anhalt.
[2] Siehe dazu erläuternden Text im Abschnitt 1.2.
[3] 53,1% für Sachsen; auf Grund einer ministeriellen Ausnahmegenehmigung war auch Sachsen zugelassen worden.
[4] 24,6% für Aufteilung des aufzulösenden Kreises; Frage war ohne ministerielle Genehmigung gestellt worden.

Quelle: Zu Problemen der territorialen Gestalt der Länder … Hrsg. Gemeinschaftsstelle …, Berlin 1990.

dieser Gruppe, die gegenwärtige, durch den Kreistagsbeschluß geschaffene Landesgrenze erneut zu verändern, sind jedoch äußerst gering.

Im *Kreis Bad Liebenwerda* waren die Bedingungen etwas anders. Es handelt sich um Teile des 1423 an Meißen gefallenen Herzogtums Sachsen(-Wittenberg). Seitdem zu Sachsen(-Wettin) gehörig (vgl. Abschnitt 2.1), mußte das Territorium 1815 an Preußen abgetreten werden und bildete bis 1944 den östlichen Kreis der preußischen Provinz Sachsen (vgl. Abschnitt 2.2). Mit dieser gelangte Liebenwerda in das Land Sachsen-Anhalt. Nach dorthin hätte der Kreis 1990 zurückkehren können, doch gab es neben den historischen auch wirtschaftliche und zentralortbezogene Gründe, weder nach Brandenburg noch nach Sachsen-Anhalt zu gehen, vielmehr den Anschluß an Sachsen zu erstreben. Der Kreis erwirkte daher im Frühjahr 1990 beim Ministerrat der damaligen DDR das Recht, sich zwischen den drei Ländern zu entscheiden. Bei geringer Wahlbeteiligung von 58,5% kam Mitte Juni 1990 eine Mehrheit von 53% für Sachsen zustande. Über diesen Bürgerentscheid setzte sich der Kreistag hinweg und beschloß mit 28 Stimmen für Brandenburg, 1 Stimme für Sachsen-Anhalt und 16 Stimmen für Sachsen den Anschluß des Kreises an Brandenburg. Von den Brandenburg-Anhängern wurden u. a. die seit 1952 gewachsenen Wirtschaftsbeziehungen zum Bezirk Cottbus als Begründung für die Entscheidung genannt. Mitausschlaggebend war auch die Vorstellung, im Falle eines Wechsels zu Sachsen würde das Kreisgebiet dem Kreis Riesa zugeschlagen werden, im Falle eines Zusammengehens mit dem Bezirk Cottbus könne die Kreisverwaltung in Bad Liebenwerda erhalten bleiben. Vor und nach der Bürgerbefragung gab es im Kreis lebhafte öffentliche Auseinandersetzungen, die von der „Allianz für Sachsen" auch 1991 weitergeführt wurden.

Im *Kreis Senftenberg* lagen die Verhältnisse noch komplizierter, weil er 1952 aus drei verschiedenen historischen Gebietsteilen zusammengesetzt wurde. Von 34 Gemeinden (nach heutigem Gebietsstand) gehörten vor 1952 18 zu Brandenburg, 12 zu Sachsen und 4 zu Sachsen-Anhalt. Bei der Bürgerbefragung im Juni 1990 wählten die ehemals brandenburgischen Gemeinden (mit einer Ausnahme) mehrheitlich die Zugehörigkeit zu Brandenburg, in allen ehemals sächsischen und sachsen-anhaltischen Gemeinden ergaben sich Mehrheiten für Sachsen. Es gab und gibt also eine deutliche räumliche Zweiteilung des Zugehörigkeitsgefühls. Im Gesamtkreis kam eine Mehrheit für Sachsen von 54% zustande. Die diesem Ergebnis entsprechende Beschlußvorlage wurde im Kreistag mit 39 zu 38 Stimmen abgelehnt; damit verblieb der Kreis bei der brandenburgischen Bezirksgruppe. Im Gesamtkreis sind die Kräfte, die für Brandenburg und für Sachsen arbeiten, tatsächlich ziemlich ausgewogen. Nach Angaben der „Allianz für Sachsen" ist jedoch das südliche (sächsisch orientierte) Kreisgebiet im Kreistag unterrepräsentiert, weil viele Bürger bei der Kreistagswahl im Mai 1990 einem Boykottaufruf der CDU folgten. Die Sachsenbefürworter im „Allianzgebiet" seien dadurch bei der Abstimmung im Kreistag unterlegen. Durch den Entscheid des Kreistages für Brandenburg haben die zwölf ehemals sächsischen Gemeinden – es handelt sich um das nordwestliche Gebiet der Oberlausitz bei Ruhland – das Recht, nach Art. 2 (3) LEG einzeln die Zugehörigkeit zu Sachsen zu verlangen; das gilt nicht für die ehemals vier zu Sachsen-Anhalt gehörenden Gemeinden.

5.3 Mögliche weitere Grenzveränderungen gemäß Ländereinführungsgesetz

Mit den 15 Kreistagsentscheiden, die ihren Niederschlag im Art. 1 des Ländereinführungsgesetzes (LEG) fanden, waren die Wünsche der Bevölkerung soweit berücksichtigt worden, wie das der Zeitrahmen im Jahre 1990 erlaubte. Es gab und gibt jedoch darüber hinaus eine größere Zahl von Gemeinden, die die nach dem LEG geschaffenen fünf Länder verlassen wollen. Sofern sie in ihr ehemaliges, vor 1952 existierendes Bundesland rückgegliedert werden wollen, ermöglicht das der Art. 2 (3) LEG; sofern sie aber einem anderen der fünf neuen Länder zugeteilt werden wollen, so besteht darauf kein Rechtsanspruch. Im Artikel 2 (3) LEG wird folgendes bestimmt:

„Wollen Gemeinden oder Städte nach der Länderbildung in das Land zurückkehren, dem sie am 23. Juli 1952 angehörten, ist ihrem in Bürgerbefragungen bekundeten und durch die Volksvertretungen bestätigten Willen stattzugeben, sofern dadurch keine Ex- bzw. Enklaven entstehen."

Hieraus ergibt sich für 403 Städte und Gemeinden das Recht, den Wechsel der Länderzugehörigkeit zu beantragen[13]. Ihre Zahl und Kreiszugehörigkeit ist in der Übersicht 15 dargestellt; die Farbkarte 3, S. 120, zeigt ihre Lage.

Übersicht 15: Städte und Gemeinden, die ihre Landeszugehörigkeit noch wechseln dürfen

Land Mecklenburg-Vorpommern
(1) Lenzen a. d. Elbe und 9 Nachbargemeinden (zusammen 10)
    bisher Kreis Ludwigslust; Rückgliederung in den wiederzuerrichtenden Kreis Westprignitz, Land Brandenburg angestrebt
(2) Trebenow und 5 weitere Gemeinden (zusammen 6)
    bisher Kreis Strasburg; Rückgliederung in den Kreis Prenzlau, Land Brandenburg angetrebt
(3) Brüssow und Penkun sowie 17 weitere Gemeinden (zusammen 19)
    bisher Kreis Pasewalk; Rückgliederung in den Kreis Prenzlau, Land Brandenburg angestrebt

[Fortsetzung Übersicht 15]

Land Brandenburg
- (4) Brunow und Dambeck (zusammen 2)
  bisher Kreis Perleberg; Rückgliederung in den Kreis Ludwigslust, Land Mecklenburg-Vorpommern angestrebt
- (5) Milow a. d. Havel und 9 weitere Gemeinden (zusammen 10)
  bisher Kreis Rathenow; Rückgliederung nach Sachsen-Anhalt mehrheitlich nicht angestrebt
- (6) Ziesar und Wusterwitz sowie 17 weitere Gemeinden (zusammen 19)
  bisher Kreis Brandenburg a. d. Havel; Rückgliederung nach Sachsen-Anhalt mehrheitlich nicht angestrebt
- (7) Görzke und Werbig (zusammen 2)
  bisher Kreis Belzig; Rückgliederung nach Sachsen-Anhalt mehrheitlich nicht angestrebt
- (8) Marzahna und Oehna sowie 7 weitere Gemeinden (zusammen 9)
  bisher Kreis Jüterbog; Rückgliederung nach Sachsen-Anhalt mehrheitlich nicht angestrebt
- (9) Herzberg a. d. Elster mit allen Gemeinden des Kreises Herzberg (zusammen 52)
  bisher Bezirk Cottbus (zu Brandenburg); Rückgliederung nach Sachsen-Anhalt mehrheitlich nur von wenigen Gemeinden angestrebt
- (10) Bad Liebenwerda mit allen Gemeinden des Kreises Bad Liebenwerda (zusammen 48)
  bisher Bezirk Cottbus (zu Brandenburg); Rückgliederung nach Sachsen-Anhalt nur von wenigen Gemeinden angestrebt, jedoch Zuordnung zu Sachsen mehrheitlich gewünscht (nach Art. 2 [3] LEG nicht möglich, vgl. S. 98)
- (11) Lauchhammer und Ortrand mit je einer Nachbargemeinde (zusammen 4)
  bisher Kreis Senftenberg; Rückgliederung nach Sachsen-Anhalt nicht angestrebt, jedoch Zuordnung zu Sachsen gewünscht (nach Art. 2 [3] LEG nicht möglich, vgl. S. 98)
- (12) Ruhland und 11 Nachbargemeinden (zusammen 12)
  bisher Kreis Senftenberg, Eingliederung in die Kreise Großenhain und Hoyerswerda, Land Sachsen angestrebt

Land Sachsen-Anhalt
- (13) Havelberg und 3 Nachbargemeinden (zusammen 4)
  bisher Kreis Havelberg im Land Sachsen-Anhalt, Rückgliederung in den wiederzuerrichtenden Kreis Westprignitz, Land Brandenburg angestrebt
- (14) Benneckstein und Sorge (zusammen 2)
  bisher Kreis Wernigerode; Rückgliederung nach Thüringen nicht angestrebt
- (15) Casekirchen und Priesnitz sowie 8 weitere Gemeinden (zusammen 10)
  bisher Kreis Naumburg, nur die zwei namentlich genannten Gemeinden haben Rückgliederung nach Thüringen beantragt; über die anderen 8 Gemeinden keine Aussage

Land Thüringen
- (16) Heringen a. d. Helme und 11 weitere Gemeinden (zusammen 12)

5.3 Mögliche weitere Grenzveränderungen

bisher Kreis Nordhausen; Rückgliederung nach Sachsen-Anhalt mehrheitlich nicht angestrebt
(17) Artern, Heldrungen und Roßleben sowie 21 weitere Gemeinden (zusammen 24)
bisher Kreis Artern; Rückgliederung nach Sachsen-Anhalt mehrheitlich nicht angestrebt
(18) Kölleda und 12 weitere Gemeinden (zusammen 13)
bisher Kreis Sömmerda; Rückgliederung nach Sachsen-Anhalt mehrheitlich nicht angestrebt
(19) Auerstedt (1)
bisher Kreis Apolda; Rückgliederung nach Sachsen-Anhalt nicht angestrebt
(20) Krossen a. d. Elster und Schkölen sowie 4 weitere Gemeinden (zusammen 6)
bisher Kreis Eisenberg; Rückgliederung nach Sachsen-Anhalt nicht angestrebt
(21) Heyersdorf (1)
bisher Kr. Schmölln; Rückgliederung nach Sachsen nicht angestrebt
(22) Ziegelheim (1)
bisher Kreis Altenburg; Rückgliederung nach Sachsen nicht angestrebt
(23) Mumsdorf und 2 Nachbargemeinden (zusammen 3)
bisher Kreis Altenburg; Rückgliederung nach Sachsen nicht angestrebt
(24) Seelingstädt (1)
bisher Kreis Gera; Rückgliederung nach Sachsen nicht angestrebt
(25) Elsterberg, Görschnitz und Tremnitz (3)
bisher Kreis Greiz; Rückgliederung in den Kreis Plauen, Land Sachsen angestrebt
(26) Pausa und 3 Nachbargemeinden (zusammen 4)
bisher Kreis Zeulenroda; angestrebt zu Kreis Plauen, Land Sachsen
(27) Mühltroff und 3 Nachbargemeinden (zusammen 4)
bisher Kreis Schleiz; angestrebt zu Kreis Plauen, Land Sachsen

Land Sachsen
(28) Schkeuditz und 6 weitere Umlandgemeinden von Leipzig (zusammen 7)
bisher Kreis Leipzig; Rückgliederung nach Sachsen-Anhalt nicht angestrebt
(29) Delitzsch mit allen Gemeinden des Kreises Delitzsch (zusammen 40)
bisher Bezirk Leipzig; Rückgliederung nach Sachsen-Anhalt von keiner Gemeinde angestrebt
(30) Eilenburg mit allen Gemeinden des Kreises Eilenburg (zusammen 30)
bisher Bezirk Leipzig; Rückgliederung nach Sachsen-Anhalt von keiner Gemeinde angestrebt
(31) Torgau mit allen Gemeinden des Kreises Torgau (zusammen 40)
bisher Bezirk Leipzig; Rückgliederung nach Sachsen-Anhalt von keiner Gemeinde angestrebt
(32) Schirmenitz (1)
bisher Kreis Oschatz; Rückgliederung nach Sachsen-Anhalt nicht angestrebt
(33) Paußnitz (1)
bisher Kreis Riesa; Rückgliederung nach Sachsen-Anhalt nicht angestrebt
(34) Thräna (1)
bisher Kreis Borna; Rückgliederung nach Thüringen nicht angestrebt

[Fortsetzung Übersicht 15]
(35) Niedersteinbach (1)
    bisher Kreis Geithain; Rückgliederung nach Thüringen nicht angestrebt
(36) Fraureuth und Mannichswalde (2)
    bisher Kreis Werdau; Rückgliederung nach Thüringen nicht angestrebt
(37) Fröbersgrün (1)
    bisher Kreis Plauen; Rückgliederung nach Thüringen nicht angestrebt
(38) Lauta (1)
    bisher Kreis Hoyerswerda; Rückgliederung nach Brandenburg nicht angestrebt
(39) Kromlau (1)
    bisher Kreis Weißwasser; Rückgliederung nach Brandenburg nicht angestrebt

Quelle: Vgl. Übersicht 14.

Unter diesen 403 Gemeinden sind aber nur diejenigen in der Lage, unabhängig von Nachbargemeinden eine Ländergrenzänderung zu bewirken, deren Gemeindefläche unmittelbar an das erwählte Bundesland angrenzt. Alle anderen Gemeinden sind darauf angewiesen, daß ihre Nachbargemeinden den gleichen Willen bekunden, so daß sich ein geschlossener Gebietszusammenhang zu demjenigen Land ergibt, in das man überwechseln möchte.

Sehr viele der in Frage kommenden Gemeinden sind jedoch mit der neuen Zugehörigkeit zufrieden. So deuten die hohen Stimmanteile, die in den Kreisen Delitzsch, Eilenburg und Torgau auf Sachsen entfielen (vgl. Übersicht 14), an, daß nahezu alle Gemeinden dieser Kreise bei Sachsen bleiben wollen; ähnliches gilt für den Kreis Herzberg, der zu Brandenburg geschlagen wurde. Auch in der Mehrzahl der übrigen Überschneidungsgebiete (vgl. Farbkarte 3, S. 120) wird der gegenwärtige Zustand akzeptiert. Dieser ist auch der räumlichen Struktur in fast allen Fällen besser angepaßt, denn entweder hat die Gebietsreform von 1952 im lokalen Bereich Verbesserungen der Zuordnung gebracht, die man jetzt nicht wieder aufgeben will, oder die Entwicklung der vergangenen 38 Jahre hat Strukturen geschaffen, die nunmehr nicht ohne Grund verändert werden sollen. Im lokalen Maßstab stimmen also Wirtschaftsstruktur und zentralörtliche Zuordnung gut mit der gegenwärtigen Ländergliederung überein. Wo dennoch Willensbekundungen der Bevölkerung und/oder Gemeinderatsbeschlüsse zur Rückkehr in das alte Bundesland vorliegen, da verschlechtert sich teilweise die Anbindung an Unter- und Mittelzentren.

Für die Wünsche und Anträge, die gegenwärtigen Ländergrenzen zu verändern, können zwei unterschiedliche Gründe ausschlaggebend sein. In manchen Fällen gibt es tatsächlich emotionale Bindungen an das Land, dem man früher angehörte; diese können über die Jahrzehnte bewahrt worden sein, sie sind mancherorts aber auch erst durch Medienkampagnen wieder-

5.3 Mögliche weitere Grenzveränderungen

entdeckt worden. Die andere Quelle der Unzufriedenheit mit der gegenwärtigen Landeszugehörigkeit sind wirtschaftliche Erwartungen, die, wie man glaubt, in demjenigen Land, dem man nicht angehört, besser erfüllt werden können als in dem Land, dem man 1990 zugeschlagen wurde.

Es sind besonders vier kleine, historisch gewachsene Teilräume, die über die gegenwärtigen Ländergrenzen hinweg wieder zusammenstreben, nämlich die Westprignitz, die Uckermark, die Ruhländer Oberlausitz und das Plauensche Vogtland. In allen vier Teilgebieten erscheint die Zuordnung der großen Mehrzahl der fraglichen Städtchen und Gemeinden zu ihrem jetzigen Kreis zentralörtlich besser gerechtfertigt als die Zuordnung im Falle eines Länderwechsels. Dennoch bestimmt der Art. 2 (3) LEG, es muß Gemeinderatsbeschlüssen, die einen Wechsel der Länderzugehörigkeit verlangen, stattgegeben werden. Eine Chance, diesen Wechsel vor Ablauf der gegenwärtigen Legislaturperiode (bis 1994) rechtlich durchzusetzen, besitzen die betreffenden Gemeinden jedoch kaum. Nach einer Empfehlung der ehemaligen Gemeinschaftsstelle der Länder vom November 1990 sollen Anträge von Städten und Gemeinden auf einen Wechsel der Landeszugehörigkeit nur in Verbindung mit längerfristig vorzubereitenden *Gebietsreformen* genehmigt werden. Das erscheint sinnvoll. Ob es möglich ist, den Vollzug des Art. 2 (3) LEG über Jahre hinaus zu verschieben, wie es die Gemeinschaftsstelle der Länder empfiehlt, wird wahrscheinlich das Bundesverfassungsgericht entscheiden, denn es muß damit gerechnet werden, daß einzelne Gemeinden Verfassungsbeschwerde erheben werden.

In der *Westprignitz* war die Kleinstadt Lenzen an der Elbe mit ihrem Einflußbereich (1)[14] 1952 dem Kreis Ludwigslust zugewiesen worden. Auch die Stadt Havelberg war mit einigen nahen Dörfern (13) aus der Westprignitz und damit aus Brandenburg ausgegliedert worden, um mit dem Nordteil der Landschaft Jerichow einen eigenen kleinen Landkreis im Bezirk Magdeburg zu bilden. Beide Landesteile wollten Mitte 1990 zurück zur Prignitz. Der alte Kreis Westprignitz sollte wiedererstehen. Neben traditionalen Gründen war auch im Jahre 1991 noch für Lenzen ausschlaggebend, daß es zentralörtlich auf Wittenberge ausgerichtet ist; für die Brandenburg-Befürworter in Havelberg stand die brandenburgische Tradition noch stärker im Vordergrund. Hier hat allerdings die Stadtverordnetenversammlung im Oktober 1990 mit knapper Mehrheit den Verbleib bei Sachsen-Anhalt beschlossen[15]. In umgekehrter Richtung, weg von Brandenburg, bemühen sich zwei mecklenburgische Dörfer – Brunow und Dambeck (4) –, die 1952 dem Kreis Perleberg zugeschlagen worden waren und dadurch 1990 nach Brandenburg gerieten, nun zurück nach Mecklenburg zu gelangen.

Das zweite „Problemgebiet" ist die *Uckermark*. Hier hatte schon die sowjetische Besatzungsmacht 1947 einen Gebietsaustausch zwischen Vorpommern (damals Land Mecklenburg) und Brandenburg verordnet, weil Pasewalk durch die alte Provinzgrenze zwischen Brandenburg und Pommern von seinem südlichen Umland abgeschnürt war und die pommerschen Gebiete östlich der Randow durch die Demarkationslinie in der Oder in Abseitslage ohne eigenes Zentrum geraten waren. Strasburg, bis dahin zur Uckermark gehörig, geriet durch diesen Gebietstausch in den Kreis Pasewalk; umgekehrt wurde das pommersche Ost-Randow-Gebiet den Kreisen Prenzlau und Angermünde, also dem Land Brandenburg zugeteilt. Durch diese sinnvolle Maßnahme der Besatzungsmacht waren die Zuordnungsfehler dieser Grenzregion beseitigt worden. Mit der Gebietsreform von 1952 wurde dort ein neuer kleiner Kreis Strasburg geschaffen, dem auch sechs Gemeinden des Kreises Prenzlau (2) zugeschlagen wurden. Zugleich wurde der Kreis Pasewalk nach Süden verschoben, und zwar zum Teil in die Uckermark hinein – das gilt für Brüssow und Umgebung im Altkreis Prenzlau –, zum Teil aber auch auf einen Teil des altpommerschen Ost-Randow-Gebietes um Penkun herum, das seit 1947 ebenfalls zum Kreis Prenzlau gehörte.

Die 1952 erfolgte Einschränkung des Kreises Prenzlau soll nun rückgängig gemacht werden; alle beteiligten Gemeinden haben die Rückkehr nach Brandenburg gefordert (3). Im Falle des Ost-Randow-Gebietes um Penkun herum können dafür keine historischen Gründe angeführt werden, denn es sind ja altpommersche Gebiete, die nur 1947 bis 1952 zu Brandenburg gehörten. Ausschlaggebend sind hier – wie in vielen anderen Fällen – wirtschaftliche Erwägungen; man glaubt, in Brandenburg rascher wirtschaftlichen Wohlstand zu erlangen als in Mecklenburg-Vorpommern.[16]

Ein drittes, sehr kleines Gebiet, das sich mit der gegenwärtigen Landeszugehörigkeit nicht abfindet, ist der 1945 bis 1952 *sächsische, oberlausitzische Südteil* des *Kreises Senftenberg*, die *Ruhländer Oberlausitz*. Hier hatte der Kreistag gegen die Mehrheit der abstimmenden Bürger den Anschluß an Brandenburg beschlossen, obwohl im Gesamtkreis eine knappe Bürgermehrheit für Sachsen gestimmt hatte. Die geschlossen für Sachsen optierenden zwölf ehemals (1945–1952) sächsischen Gemeinden (12) wollten die Rückkehr nach Sachsen mit Hilfe des Art. 2 (3) LEG durchsetzen, denn es gab eine sehr aktive Bürgerbewegung „Allianz für Sachsen", die diese Forderung trug. In diesem von 1815 bis 1945 preußischen Teil der Oberlausitz, zu dem Ruhland und Umgebung gehört, waren es sicher weder die sächsischen Traditionen der Zeit vor 1815 noch die der Jahre 1945 bis 1952, vielmehr dürften wirtschaftliche Erwägungen für diese „Allianz für Sachsen" ausschlaggebend gewesen sein. Sachbezogen muß es gutgeheißen werden, daß die Ruhländer Oberlausitz der Kreisstadt Senftenberg als leistungsfähigem Mittelzentrum zugeordnet worden ist; das gilt aber nur in kleinräumiger Betrachtung. Die großräumigen Zusammenhänge dagegen hätten für die Zuweisung der gesamten Region, also der Ober- und der Niederlausitz, zu Sachsen gesprochen (vgl. Abschnitt 6).

Das vierte Gebiet, in dem alle Gemeinden das Recht auf einen Wechsel der Länderzugehörigkeit in Anspruch nehmen werden, ist zwar kein in sich geschlossenes Territorium, den Gemeinden gemeinsam ist es aber, daß sie bis 1952 zum *Altkreis Plauen* und damit zum sächsischen Vogtland gehörten, dann den Kreisen Greiz, Zeulenroda oder Schleiz zugeschlagen worden waren, die zum Bezirk Gera gehörten und mit diesem Bezirk 1990 nach Thüringen gelangt sind. Die Landesgrenze zwischen Thüringen und Sachsen hatte noch bis 1952 einen äußerst bizarren Verlauf, weil Thüringen von keiner der großen Gebietsbereinigungen des 19. Jahrhunderts erfaßt worden war. Erst die 1952 geschaffene Territorialstruktur beseitigte die zahlreichen beidseitigen Grenzvorsprünge und Dreivierteleinschlüsse. Dabei wurden alle früheren sächsischen Vorsprünge mit zusammen elf Gemeinden (25) (26) (27) – darunter den Städtchen Elsterberg, Pausa und Mühltroff – dem Bezirk Gera angegliedert[17], so daß diese Gemeinden heute zu Thüringen gehören. Obwohl auch hier die lokale Zuordnung zu den Kreisstädten Greiz, Zeulenroda und Schleiz weitgehend dem zentralörtlichen Gefüge entspricht, haben alle elf Gemeinden einen Antrag auf Rückgliederung nach Sachsen gem. Art. 2 (3) LEG gestellt. Die Nähe zur Hauptstadt des Vogtlandes, Plauen, mag dafür den Ausschlag gegeben haben.

5.4 Zusätzlich durch Gemeinden geforderte Grenzveränderungen

Wie oben gesagt, werden es die Gemeinden schwer haben, das nach Art. 2 (3) LEG bestehende Recht durchzusetzen. Die Länder werden aber noch viel weniger bereit sein, zusätzliche Staatsverträge abzuschließen, um dem Zugehörigkeitswunsch solcher Gemeinden stattzugeben, die nicht unter Art. 2 (3) LEG fallen. Solches Begehren ist in zwei Gebieten vorhanden, in Elsterwerda, Ortrand und Lauchhammer sowie in Allstedt bei Sangerhausen am Harz. Außerdem wollen zwei jeher zu Thüringen gehörende Gemeinden zusammen mit solchen Nachbargemeinden, die nach Art. 2 (3) LEG die Rückkehr nach Sachsen fordern, ebenfalls nach Sachsen. Es handelt sich um Bernsgrün im Kreise Zeulenroda und um Cossengrün im Kreise Greiz.

Elsterwerda liegt im Kreis Bad Liebenwerda, der seit 1990 zu Brandenburg gehört; es geht also um jene Gemeinden, die sich im Juni 1990 für Sachsen entschieden hatten, durch den Kreistagsbeschluß jedoch zu Brandenburg gelangten. Da Sachsen nur wegen der erwähnten Sondergenehmigung des Ministerrats zur Wahl stand, gibt es für Elsterwerda und andere Gemeinden des Kreises Bad Liebenwerda das Rechtsmittel des Art. 2 (3) LEG nicht[18]. Hier könnte dem Volkswillen nur durch einen Staatsvertrag gem.

Art. 2 (2) LEG zwischen Brandenburg und Sachsen entsprochen werden. Die Länder sind aber nicht verpflichtet, den Anträgen stattzugeben.

Auch in dem an den Kreis Liebenwerda östlich angrenzenden Kreis Senftenberg haben vier ehemals zur Provinz Sachsen bzw. Sachsen-Anhalt gehörende Gemeinden, darunter die Städte Lauchhammer und Ortrand, im Jahre 1991 den Anschluß nach Sachsen gefordert. Auch dafür wäre ein Staatsvertrag gemäß Art. 2 (2) LEG nötig.

Sowohl für Elsterwerda als auch für Ortrand und Lauchhammer weisen die wirtschaftlichen Beziehungen eindeutig nach Sachsen; akut wird diese Frage dann, wenn die zehn wechselberechtigten Gemeinden des Kreises Senftenberg, also Ruhland und Umgebung, den Anschluß nach Sachsen gem. Art. 2 (3) LEG durchsetzen. Brandenburg muß dann mit massiven Protestaktionen rechnen, sollte es nicht bereit sein, auch auf Ortrand und Lauchhammer sowie auf den Südteil des Kreises Bad Liebenwerda, also auf die Umgebung der Stadt Elsterwerda, zu verzichten. Gegen Jahresende hatte hier allerdings eine Meinungsänderung zugunsten Brandenburgs stattgefunden[19].

Eine ähnliche Spannung gibt es im zweiten Gebiet, das ohne das Rechtsmittel des Art. 2 (3) LEG einen Wechsel der Länderzugehörigkeit fordert, nicht. Es handelt sich um das ehemalige thüringische Allstedt, das bis 1945 eine Enklave im preußischen Regierungsbezirk Merseburg, Provinz Sachsen, bildete. Die sowjetische Besatzungsmacht vereinnahmte dieses aus etwa zehn thüringischen Gemeinden bestehende Amt in das neue Land Sachsen-Anhalt; seitdem gehört es zum Kreis Sangerhausen (s. Farbkarte 3). Da niemand eine neue En- oder Exklave schaffen will, wirbt die Bürgerinitiative Allstedt dafür, den gesamten Kreis Sangerhausen von Sachsen-Anhalt nach Thüringen zu überführen. Es handelt sich zwar um altthüringisches Gebiet, das Zugehörigkeitsgefühl zu Thüringen ging aber in den seit 1815 preußischen Teilen des heutigen Kreises weitgehend verloren; politisch-administrativ ist der Kreis auf Halle ausgerichtet.

Neben den Forderungen nach einem Wechsel der Landeszugehörigkeit innerhalb der fünf neuen Bundesländer gibt es in vier Teilgebieten auch Wünsche, aus einem neuen östlichen Bundesland ausgegliedert und in eines der alten, westlichen Länder vereinnahmt zu werden. Das betrifft:

– das ehemals hannoversche Amt Neuhaus, das durch die auf dem Elbufer verlaufende Demarkationslinie 1945 in die sowjetische Besatzungszone geriet und später dem Land Mecklenburg zugeteilt wurde (Zuweisung nach Niedersachsen verlangt),
– den Ostteil des ehemals braunschweigischen Kreises Blankenburg am Harz, der durch die alliierte Demarkationslinie ebenfalls in die sowjetische Besatzungszone geriet und dem Land Sachsen-Anhalt einverleibt wurde (Zuweisung nach Niedersachsen verlangt),

5.4 Zusätzlich durch Gemeinden geforderte Grenzveränderungen

- fünf Gemeinden im Werratal nahe dem hessischen Städtchen Bad Sooden-Allendorf (Zuweisung nach Hessen verlangt),
- die Stadt Lobenstein im nördlichen Frankenwald mit fünf Nachbargemeinden (Zuweisung nach Bayern verlangt).

Neuhaus und Blankenburg können für diese Forderung historische Gründe ins Feld führen; nach ihrer zentralörtlichen Ausrichtung und wirtschaftlichen Verflechtung gehören diese Gebiete aber zu Mecklenburg[20] bzw. Halberstadt. Genau umgekehrt liegen die Verhältnisse im Werratal bei Bad Sooden-Allendorf. Vier der fünf thüringischen Dörfer (Lindewerra, Wahlhausen, Dietzenrode und Asbach) liegen im Naheinzugsbereich von Bad Sooden-Allendorf, der von der Landesgrenze zerschnitten wird. Darüber hinaus verlangt auch Volkerode, jenseits der steilen Goburg (ein Waldgebirge) gelegen, die territoriale Umorientierung nach Hessen. Doch für Volkerode ist es allein die Hoffnung auf eine Beschleunigung des wirtschaftlichen Aufschwungs, die zu diesem Wunsch führt. Das gleiche gilt für Lobenstein mit seiner Umgebung. Diese im Juni 1990 gestellte Forderung von Lobenstein und fünf weiteren Gemeinden zielte weniger auf eine tatsächliche Absicht, das Land zu wechseln, als vielmehr darauf, die kommunalen Aufsichtsbehörden in Erfurt und Berlin (Ost) auf die Notlage der Gemeinden aufmerksam zu machen[21]. Letztgenannter Beweggrund ist verständlicherweise in allen Gebieten vorherrschend. Es wäre aber schlecht, wenn sich die betroffenen westlichen Länder zum Fürsprecher solcher örtlicher Sonderinteressen machten. Mecklenburg-Vorpommern, Sachsen-Anhalt und Thüringen wären sicher nicht bereit, entsprechende Staatsverträge nach Art. 29, Abs. 7 des GG abzuschließen.

Was die Orte im Werratal bei Bad Sooden-Allendorf betrifft, so sind die Länder Hessen und Thüringen aufgefordert, den Grenzverlauf nicht nur an dieser Stelle, sondern darüber hinaus zwischen Vacha und Witzenhausen zu bereinigen. Es liegt am wirtschaftlichen Entwicklungsstand, daß 1990 keine der hessischen Gemeinden im Einzugsbereich von Eisenach beantragt hat, mit Thüringen vereinigt zu werden. Hier hat sich eine seit 1264 bestehende dynastische Teilungsgrenze erhalten, die die Aufbauplanung und Landesentwicklung auf beiden Seiten erheblich stört. Um wirtschaftliche und zentralörtliche Zusammenhänge nicht länger zu zerreißen, sind Grenzverschiebungen an mehreren Stellen erforderlich – mehrheitlich zugunsten Thüringens. Ein Staatsvertrag zwischen Thüringen und Hessen müßte hier die Landeszugehörigkeit von etwa zwei Dutzend grenznaher Gemeinden verändern.

In Bayern liegt die ehemals thüringische Exklave Ostheim; diese geriet 1945 in die amerikanische Besatzungszone und damit nach Bayern. Auch hier haben die Ostheimer als wirtschaftlich begünstigte Alt-Bundesbürger 1990 keine Rückgliederung nach Thüringen gefordert; aus raumwirtschaftlicher Sicht wäre das auch unsinnig. Thüringen könnte aber einen Ausgleich anstreben; dafür käme Ludwigstadt und Umgebung in Frage, das an der Nordabdachung des Thüringer Waldes liegt, wo der Freistaat Bayern auf diese Nordabdachung übergreift. Ludwigstadt wird wieder bei wirtschaftlich gleichem Entwicklungsstand – wie vor dem Zweiten Weltkrieg – nach Saalfeld orientiert sein; eine Abtretung an Thüringen wäre demnach sinnvoll.

5.5 Die Struktur der neuen Bundesländer

Auf der Grundlage des von der Volkskammer der DDR mit Zweidrittelmehrheit gebilligten Ländereinführungsgesetzes vom 22. Juli 1990 sind die fünf neuen Länder Mecklenburg-Vorpommern, Brandenburg, Sachsen-Anhalt, Sachsen und Thüringen im Ergebnis der Landtagswahlen vom 14. 10. 1990 konstituiert worden. Bereits am 3. 10. 1990 war das Gebiet der ehemaligen DDR (einschließlich des Ostteils Berlins) gemäß Artikel 23 GG dem Bundesgebiet beigetreten. Die politisch-administrative Wiedervereinigung West- und Ostberlins zum neuen Land Berlin erfolgte – durch Wirtschafts-, Währungs- und Sozialunion, dem Beitritt Ostdeutschlands zum Bundesgebiet, den Abschluß des Zwei-Plus-Vier-Abkommens sowie die Zusammenarbeit von Westberliner Senat und Ostberliner Magistrat vorbereitet – im Ergebnis der Wahlen zum Gesamtberliner Abgeordnetenhaus, die mit den ersten gemeinsamen Wahlen zum Bundestag am 2. Dezember 1990 gekoppelt waren.

Während das Land Berlin seitdem von einer großen Koalition aus CDU/ SPD regiert wird, übt im Freistaat Sachsen die CDU allein die Regierungsgewalt aus. In den Ländern Sachsen-Anhalt, Thüringen und Mecklenburg-Vorpommern bestehen dagegen Koalitionsregierungen aus CDU und F.D.P. Nur in Brandenburg bildet eine „Ampelkoalition" aus SPD, F.D.P. und Bündnis 90 die Regierung.

Von Heineberg (1991) sind die Ergebnisse der vier im Jahre 1990 durchgeführten Wahlen auf dem Gebiet der neuen Bundesländer (Volkskammer-, Kommunal-, Landtags- und Bundestagswahlen) in ihrer räumlichen Differenziertheit und Entwicklungstendenz kartographisch erfaßt und nach dem Wählerverhalten interpretiert worden.

Dabei ließen sich insbesondere bei der ersten Wahl nach der politischen Wende in der DDR (Volkskammerwahlen vom 18. 3. 1990) noch signifikante Beziehungen zu den Auswirkungen der Territorialpolitik der DDR erkennen. Der SED-Staat hatte besonders Ostberlin sowie den Nordosten gefördert. Dementsprechend erhielt die PDS – Nachfolgepartei der SED – relativ hohe Stimmanteile in Ostberlin sowie in den Bezirken Frankfurt (O.), Neubrandenburg und Rostock. Diese Anteile reduzierten sich bei den nachfolgenden Wahlen durch Wandel der politischen Landschaft.

5.5 Die Struktur der neuen Bundesländer

Bedeutendere Veränderungen der neu eingeführten Länderstruktur sind z. Z. nur hinsichtlich einer angestrebten und im Einigungsvertrag offengehaltenen Vereinigung der Bundesländer Berlin und Brandenburg abzusehen. Dazu hat die Wahl Berlins zur Bundeshauptstadt im Juni 1991 neue Akzente gesetzt (vgl. Abschnitt 7).

Während die Entscheidung für die Landeshauptstädte Dresden (Sachsen), Erfurt (Thüringen) und Potsdam (Brandenburg) ohne größere Widerstände erfolgte, konnte sich Magdeburg (Sachsen-Anhalt) nur in härtester Konkurrenz zu Halle, z. T. auch zu Dessau, durchsetzen. Schwerin (Mecklenburg-Vorpommern) stand im Widerstreit mit der wesentlich größeren sowie verkehrsmäßig günstiger gelegenen See- und Hafenstadt Rostock. Es konnte sich – ähnlich wie Magdeburg gegenüber Halle – nur mit knappem Vorsprung bei Abstimmungen im Landtag, in den Kreistagen und kreisfreien Städten gegenüber der starken Konkurrenz durchsetzen. Ausgehend von den Verwaltungsbehörden der ehemaligen Bezirke und deren „Hauptstädten", die u. a. als Sitze von Außenstellen der Treuhandanstalt sowie verschiedener Behörden und Verbände weiterhin politische und wirtschaftliche Bedeutung besitzen, werden in den neuen Bundesländern mit unterschiedlichem Tempo und differenzierter Gewichtung mittlere Ebenen der Verwaltung und Planung (Regierungs- bzw. Verwaltungsbezirke, Planungsregionen) aufgebaut. Dabei muß auf die in allen Ländern anstehenden Gemeinde- und Kreisreformen Rücksicht genommen werden. Auch diese sind unterschiedlich weit vorbereitet. Überall sind jedoch entweder größere Einheitsgemeinden oder Gemeindeverbände bzw. Verbandsgemeinden geplant; in einigen Ländern auch nur größere Verwaltungsgemeinschaften bzw. Ämter. Die z. Z. noch kleinen Kreise sollen durchweg aufgelöst werden. Einige Länder denken daran, die bis 1952 bestandene Kreisgliederung wiederherzustellen, andere wollen mehrere der gegenwärtigen Kreise – mit oder ohne Zuschnittsveränderungen – zu neuen Großkreisen zusammenschließen.

Die *Stellung der neuen Bundesländer* in der am 3. 10. 1990 durch den Beitritt der DDR vergrößerten Bundesrepublik Deutschland soll durch folgende Daten charakterisiert werden: Mit einer Fläche von 108 332 km^2 (einschließlich Berlin-Ost) nehmen die neuen Bundesländer rd. 30%, d. h. knapp ein Drittel der Fläche der Bundesrepublik Deutschland ein. Dagegen erreichte ihr Bevölkerungsanteil (Stand 31. 12. 1989) mit rd. 16,4 Mio. Einwohnern nur ein Fünftel (21%) der Gesamtbevölkerung. Diese Relation hat sich 1990 und 1991 durch eine bedeutende Abwanderung aus den östlichen in die westlichen Bundesländer weiterhin ungünstig verschoben. Zieht man den wesentlich geringeren Anteil der neuen Länder am Bruttoinlandsprodukt Gesamtdeutschlands heran, der von ca. 12% (im Jahre 1989) auf nur 7,7% (im 2. Halbjahr 1990) erheblich gesunken ist und auch im Jahre 1991

Tab. 11: *Reihung der Bundesländer nach Einwohnern 1989 (31.12.1989)*

Nr.	Bundesland	Einwohner in Mio.	Fläche in 1000 km²	Einwohner pro km²
1	Bremen	0,67	0,404	1667
2	Saarland	1,06	2,570	414
3	Hamburg	1,63	0,755	2153
4	*Mecklenburg-Vorpommern*	1,96	23,835	82
5	*Brandenburg*	2,64	29,060	91
6	Schleswig-Holstein	2,59	15,730	165
7	*Thüringen*	2,68	16,251	165
8	*Sachsen-Anhalt*	2,97	20,444	145
9	Berlin	3,41	0,883	3860
10	Rheinland-Pfalz	3,70	19,849	186
11	*Sachsen*	4,90	18,338	267
12	Hessen	5,66	21,114	268
13	Niedersachsen	7,28	47,349	154
14	Baden-Württemberg	9,62	35,751	269
15	Bayern	11,22	70,554	159
16	Nordrhein-Westfalen	17,10	34,068	502
	Westliche Länder[1]	62,68	248,626	252
	Östliche Länder[2]	16,43	108,332	152
	Insgesamt	79,11	356,958	222

[1] Einschließlich Berlin-West.
[2] Einschließlich Berlin-Ost.
Quelle: Statistisches Jahrbuch der Bundesrepublik Deutschland 1991, Wiesbaden 1991, S. 54.

mit lediglich 6,9% am gesamtdeutschen Bruttosozialprodukt eine weiter absinkende Tendenz behielt, so muß das Gebiet der neuen Bundesländer gegenwärtig produktivitäts- und krisenbedingt durchgehend als strukturschwach bezeichnet werden. Innerhalb der neuen Länder besteht ein Süd-Nord-Gefälle, das sich in absehbarer Zeit wahrscheinlich noch vergrößern wird.

Die neuen Länder haben, verglichen mit den alten Ländern, mittlere Flächenausdehnungen (Tab. 11). Hinsichtlich ihrer Bevölkerungszahl ist die Rangstellung der neuen Bundesländer – mit Ausnahme des bevölkerungsreichen und dichtbesiedelten Freistaates Sachsen – unter den Flächenländern noch ungünstiger, was sich auch in deutlich geringeren Bevölkerungsdichtewerten widerspiegelt (Tab. 11).

Die weit unter dem Durchschnittswert der Bundesrepublik Deutschland (ca. 220 Einw./km²) liegende Bevölkerungsdichte der nordöstlichen Bundes-

5.5 Die Struktur der neuen Bundesländer

länder Mecklenburg-Vorpommern (82 Einw./km^2) und Brandenburg (91 Einw./km^2), aber auch Sachsen-Anhalt (145 Einw./km^2) deutet auf ein allgemeines West-Ost-Gefälle in der wirtschaftlichen Nutzungsintensität des Raumes hin. Dieses Gefälle war bereits in der Vorkriegszeit angelegt und hat sich nach Kriegsende im Zuge der divergierenden politischen, wirtschaftlichen, sozialen und demographischen Entwicklung im geteilten Deutschland vor allem durch die massenhafte Abwanderung der Menschen aus der SBZ bzw. DDR erheblich verstärkt.

Dem mit rd. 4,9 Mio. Menschen bevölkerungsreichsten neuen Bundesland *Sachsen*, das sich durch die höchste Bevölkerungs-, Gewerbe-, Infrastruktur- und Siedlungsdichte, ein umfangreiches Humankapital (Bevölkerung, qualifizierte Erwerbstätige, mentale Unternehmerqualitäten) sowie relativ ausgewogene Eigentums- und Betriebsgrößenstrukturen sowie vielfältige Erwerbsstrukturen auszeichnet, werden unter den neuen Bundesländern die günstigsten Entwicklungsmöglichkeiten eingeräumt.

Trotz seiner Kleinheit (16251 km^2 Fläche, rd. 2,68 Mio. Menschen) besitzt das Bundesland *Thüringen* vor allem aufgrund seiner wieder in Wert gesetzten zentralen geographischen Lage in Deutschland sowie seiner ausgewogenen Naturraum-, Wirtschaftsraum- und Siedlungsstruktur relativ gute Entwicklungschancen. Allerdings müssen im notwendigen sektoralen Strukturwandel in DDR-Zeiten geschaffene Überkapazitäten und Spezialproduktionen (z. B. Kapazitäten der elektronischen Industrie sowie der Uranbergbau) abgebaut bzw. den neuen marktwirtschaftlichen und Konkurrenzbedingungen angepaßt werden.

Das dual geprägte Land *Sachsen-Anhalt* wird durch das industrielle Ballungsgebiet mit umweltbelastender Grundstoffindustrie im Süden einerseits und den agrarisch bestimmten Raum im Norden (Altmark) andererseits charakterisiert. Es muß seine bedeutenden landwirtschaftlichen Potentiale (hervorragende Bodenbedingungen nicht nur in der Magdeburger Börde) sowie industriellen Potenzen für den erforderlichen wirtschaftlichen Aufschwung effizient nutzen. Dazu müssen Infrastruktur und natürliche Umwelt wesentlich verbessert werden.

Das im europäischen Raum verkehrsgünstig gelegene Land *Brandenburg*, das sonst zu den ressourcenschwachen Bundesländern zählt, kann von dem zu erwartenden Wirtschaftsaufschwung der hauptstädtischen Metropole insbesondere in deren Umland – dem „Speckgürtel" – profitieren. Allerdings dürfen dabei die peripheren Räume des mit 29060 km^2 flächengrößten neuen Bundeslandes nicht vernachlässigt werden. Die im Südosten des Landes gelegene Lausitzer Braunkohlenbergbau-Energiegewinnungsregion müßte dazu länderübergreifend in ein ökologisch und sozial verträgliches bundesweites Energiekonzept einbezogen werden. Die Oder-Neiße-Grenzregion könnte zusammen mit ihrer südlichen Fortsetzung im Freistaat

Sachsen aus einem europäischen Annäherungs- und Integrationsprozeß Vorteile ziehen. Im Norden und Süden sollten die seen- und waldreichen Areale mit geringer Siedlungsdichte und ausgedehnten Konversionsflächen – auch Biosphärenreservate, Naturparks und Landschaftsschutzgebiete umfassend – für die Ausdehnung eines sanften Erholungstourismus genutzt werden.

Dies trifft auch auf landschaftlich geeignete große Teilräume (Mecklenburgische Seenplatte, Ostseeküste) im nordöstlichen Bundesland *Mecklenburg-Vorpommern* zu. Dort könnte eine mit verschiedenen Eigentums- und Betriebsformen organisierte Großraumlandwirtschaft auf günstigen natürlichen Standorten insbesondere des nährstoffreichen Jungmoränenlandes auch im EG-Rahmen eine Perspektive besitzen. Die Ostseeküste mit ihrer See- und Hafenwirtschaft hat trotz der außenwirtschaftlichen Anpassungsprobleme sowie der branchenspezifischen Konkurrenz- und Absatzbedingungen in der Werftindustrie gute Voraussetzungen, als Nord-Ost-Brückenkopf der Bundesrepublik Deutschland die gegenwärtige Rezession zu überwinden.

Insgesamt könnten in dem relativ dünnbevölkerten und schwachbesiedelten Nordostraum – Mecklenburg-Vorpommern, Brandenburg (mit Ausnahme des Großberliner Ballungsraumes) und Sachsen-Anhalt (Altmark) – ausgedehnte Freiräume für die Erholung der Menschen und die Erhaltung naturnaher Landschaften konserviert bzw. regeneriert werden. Dazu müssen die Infrastruktur verbessert und die traditionelle, von Land- und Forstwirtschaft sowie von Lebensmittel- und Leichtindustrie geprägte Wirtschaftsstruktur dieses Raumes erneuert sowie ergänzt werden.

6 Kritik am gegenwärtigen Zuschnitt der neuen Bundesländer

6.1 Vorbemerkung

Der Zuschnitt der neuen Bundesländer entspricht einer unter großem Zeitdruck entstandenen Kompromißlösung. Diese war unter Anlehnung an die zuvor geltende Bezirksstruktur einerseits und restaurativer Anknüpfung an die bis 1952 wirksamen, dann zwangsweise aufgelösten Länder andererseits mit Zustimmung der Mehrheit der Bevölkerung von den Politikern ausgehandelt worden. Dieser Umstand kommt auch durch ein Interview zum Ausdruck, das der damalige Minister für Regionale und Kommunale Angelegenheiten der Regierung de Maizière, Preiß, unter der Überschrift „Das Machbare gestalten" der Zeitschrift ›Wochenpost‹ im Sommer 1990 gegeben hat (Nr. 22/1990, S. 5).

Wochenpost: Die Diskussion um die Bildung der Länder wurde in den vergangenen Wochen und Monaten sehr emotional geführt.

Manfred Preiß: In der Tat. Vor allem solange noch nicht klar war, wieviele Länder auf dem Territorium der DDR gebildet werden sollten, schlugen die Wogen hoch. Viele lehnten von Fachleuten ins Gespräch gebrachte Varianten ab: die Bildung von drei bzw. vier Ländern.
Wofür andere Staaten acht bis zehn Jahre brauchten, das muß in unserer Republik praktisch innerhalb weniger Monate geschehen. Mehr Zeit bleibt uns nicht. Die DDR-Bürger hatten im Herbst 1989 ihr Selbstbewußtsein wiedergefunden und begannen, ihr Schicksal allein zu bestimmen. Viele Organisationen und Berufsvereinigungen bildeten eigene Landesverbände, es entstanden Entwürfe für Landesverfassungen, die alten Landesflaggen wurden wieder aus den Kellern hervorgeholt oder neu angefertigt.
Wir waren in Zugzwang geraten, möglichst rasch eine Variante vorzulegen, die dem mehrheitlichen Willen der Bevölkerung entspricht: die Wiedereinführung von fünf Ländern. Dies schlägt die Regierung dem Parlament im Entwurf des Ländereinführungsgesetzes vor. Jede andere Lösung ist jetzt nicht mehr machbar. Die Bürger würden sie nicht akzeptieren.

Wochenpost: Sie erklärten einmal in einem Interview, die Fünf-Länder-Variante sei nicht die vernünftigste. Warum nicht?

6 Kritik am Zuschnitt der neuen Bundesländer

Manfred Preiß: Weil ein einheitliches föderatives Deutschland ökonomisch starke Länder braucht. Die fünf Länder werden dies nicht sein, am ehesten noch Sachsen. Ich will nicht verschweigen, daß uns BRD-Politiker vorwarfen, die Länderbildung von der Volksmeinung abhängig gemacht zu haben. Wir hätten die Chance nutzen und starke Länder schaffen sollen, die in ein geeintes Deutschland und in ein Europa der Zukunft passen. Uns wurde empfohlen, lediglich zwei Länder zu bilden. So vernünftig dieser Rat war, er ließ sich, wie gesagt, nicht verwirklichen.

Die folgende Kritik richtet sich nach Vorstehendem nicht gegen die getroffene Entscheidung selbst, sie zielt vielmehr auf das unbefriedigende Ergebnis, also auf den Zuschnitt der neuen Bundesländer. Als Maßstab dient Artikel 29, Abs. 1 des Grundgesetzes. Dieser lautet in der 1976 geänderten Fassung:

„Das Bundesgebiet kann neu gegliedert werden, um zu gewährleisten, daß die Länder nach Größe und Leistungsfähigkeit die ihnen obliegenden Aufgaben wirksam erfüllen können. Dabei sind die landsmannschaftliche Verbundenheit, die geschichtlichen und kulturellen Zusammenhänge, die wirtschaftliche Zweckmäßigkeit sowie die Erfordernisse der Raumordnung und der Landesplanung zu berücksichtigen."

Nach den Anforderungen, die sich aus diesem Text ergeben, sollen im folgenden die neuen Bundesländer unter den Aspekten
- Größe und Leistungsfähigkeit,
- landsmannschaftliche sowie historisch-kulturelle Zusammenhänge,
- Erfordernisse der Raumordnung und Landesplanung

beleuchtet werden.

6.2 Größe und Leistungsfähigkeit

Im Hinblick auf eine mögliche Neugliederung des Bundesgebietes ist die gewünschte Größe der Bundesländer nach Art. 29, Abs. 1 des Grundgesetzes auf ihre Leistungsfähigkeit bezogen. Das Gesetz verlangt, beide Kriterien – Größe und Leistungsfähigkeit – sollen so bemessen sein, daß die Länder „die ihnen obliegenden Aufgaben wirksam erfüllen können". Leistungsfähigkeit in diesem Sinne bezieht sich auf die Wirtschafts- und damit die Finanzkraft der Länder sowie auf administrative und politische Handlungsfähigkeit. Dementsprechend sagen schon die Einwohnerzahl und die Fläche eines Landes etwas über seine administrative und politische Handlungsfähigkeit aus. Da nach der Finanzverfassung der Bundesrepublik die den Ländern zustehenden Einnahmen weitgehend von dem Steueraufkommen des eigenen Landes oder den Verfassungsprinzipien abhängen sollten, ist die wirtschaftliche Leistungsfähigkeit des Landes auch ausschlaggebend für dessen Finanzkraft. Jedes Land soll vom Bundesstaat wirtschaft-

6.2 Größe und Leistungsfähigkeit

lich möglichst unabhängig und aus eigener Wirtschaftskraft fähig sein, alle Aufgaben, die nach der Verfassung den Ländern zufallen, selbständig zu bewältigen.

Je größer die Länder sind, um so wahrscheinlicher ist es auch, daß sich die Wirtschaftskräfte unterschiedlich strukturierter Regionen ausgleichen, also Verhältnisse vorhanden sind, die dem Bundesdurchschnitt nahekommen. Diesem Ziel ist die bundesstaatliche Ordnung verpflichtet. (Vgl. dazu Übersicht 11, Abschnitt 5.5).

Mit knapp 5 Mio. Einwohnern ist allein Sachsen groß genug, um politisch selbständig zu handeln und eine effiziente Verwaltung aufzubauen. Es geht dabei um Einwohnerzahlen, die vorhanden sein sollen, um öffentliche Einrichtungen und Oberbehörden in optimalen Größenordnungen sinnvoll auszunutzen[22]. Werden diese Einwohnerzahlen nicht erreicht, wird weniger sparsam verwaltet, oder es müssen länderübergreifende Einrichtungen geschaffen werden.

Die übrigen vier neuen Länder sind – ähnlich wie einige der westlichen Länder – gemessen an diesen Kriterien zu klein. Hier liegt die Ursache für die Vorschläge des Jahres 1990, statt ehemals fünf nunmehr nur vier, drei oder gar nur zwei neue Bundesländer im Gebiet der ehemaligen DDR zu gründen.

Nicht nur 1990 gab es Vorschläge zur Länderneubildung auf dem Gebiet der ehemaligen DDR. Schon als Reaktion auf die 1952 eingeführte Bezirksgliederung gab der „Königsteiner Kreis", eine Vereinigung von Juristen, Volkswirten und Beamten aus der sowjetischen Besatzungszone, 1954 eine von Münchheimer verfaßte Studie über „Die Neugliederung Mitteldeutschlands bei der Wiedervereinigung" heraus. Münchheimers von der Gemeindeebene über alle Gebietskörperschaftsstufen aufgebauter Vorschlag führte zu zwei Ländern – Brandenburg-Pommern und Sachsen-Thüringen –, die das Gebiet der ehemaligen DDR weitgehend abdeckten[23] (vgl. Farbkarte 4a). Nur wenn es möglich gewesen wäre, die neuen Länder zeitlich nach einer Kommunalgebietsreform zu gründen, hätte auf Münchheimers Vorschlag zurückgegriffen werden müssen[24].

Ein Zwei-Länder-Vorschlag führte sicher zu einer sehr sparsamen Lösung und wäre auch optimal, wenn die wirtschaftliche Leistungsfähigkeit allein ausschlaggebend wäre. Im westlichen Teil der Bundesrepublik ist die Zusammenfassung zu fünf oder sechs großen Bundesländern nach den Vorschlägen der „Ernst-Kommission" in den siebziger Jahren nicht gelungen. Für das Gebiet der ehemaligen DDR jetzt nur zwei Länder vorzuschlagen wäre nur dann sinnvoll gewesen, wenn gleichzeitig die westlichen Länder auf fünf oder sechs hätten reduziert werden können. Unter dieser Vorbedingung machten Habicht 1990 und Gobrecht 1990 ihre Vorschläge für insgesamt sieben neue Flächenländer, fünf im „Westen" und zwei im „Osten"[25].

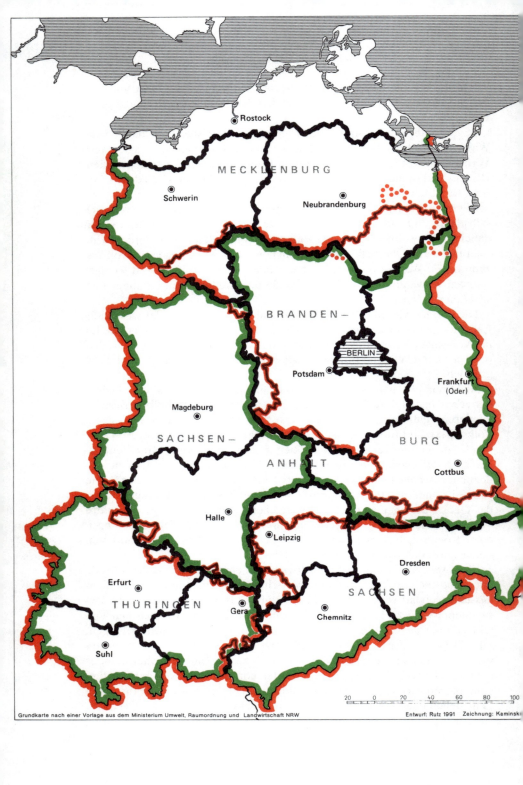

6.2 Größe und Leistungsfähigkeit

Habicht möchte die Bundeshauptstadt Berlin als Stadtstaat, also als achtes Bundesland erhalten.

Der gegenwärtigen westdeutschen Zahl von zehn Ländern entsprächen drei neue Länder auf dem Gebiet der ehemaligen DDR; Berlin bleibt aus diesen Betrachtungen zunächst ausgenommen. Vorschläge für drei Länder gab es von dem Dresdener Historiker Blaschke 1990 (Variante D)[26], in Anlehnung an diesen von Hansmeyer und Knops 1990[27] sowie von Rutz 1990[28]. Blaschke orientierte sich an den historischen und landsmannschaftlichen Vorgaben, indem er anregte, Thüringen und Sachsen zusammenzufügen, Mecklenburg und Brandenburg aber getrennt zu belassen; Rutz richtete die Dreier-Lösung stärker nach der Zweckmäßigkeit wirtschaftlich ähnlicher Leistungsfähigkeit aus, indem er eine Vereinigung von Mecklenburg und Brandenburg zur Disposition stellte, das bei diesem Vorschlag durch die Eingliederung des Saalekreises und der Stadt Halle stärkere Thüringen aber selbständig belassen werden sollte (vgl. Farbkarte 4b, S. 122).

Wenn nicht zwei oder drei neue Länder auf dem Gebiet der ehemaligen DDR entstehen konnten, so wären unter dem Gesichtspunkt wirtschaftlicher Leistungsfähigkeit auch vier neue Länder besser gewesen als die vorhandenen fünf. Eine Vier-Länder-Lösung empfahl bereits die Verwaltungsreformkommission der Regierungen Modrow und de Maizière (vgl. Abb. 19 und 20)[29]. Mitte 1990 veröffentlichte auch Rutz einen Vorschlag für eine von ihm favorisierte Vier-Länder-Variante, und auch Blaschke empfahl vier Länder als sogenannte „Kleine Lösung" (Variante C). Die drei vorgeschlagenen Vier-Länder-Lösungen sind in Farbkarte 4c (S. 122) dargestellt.

Die Vorteile einer geringeren Zahl wirtschaftlich stärkerer Länder waren aber 1990 zweitrangig gegenüber dem Wunsch, die alten Länder wiederzuerrichten; darüber hinausgehende Erwägungen gab es im Volk nicht. Die zur Vereinigung der zwei Staaten drängenden Ereignisse folgten dann so schnell aufeinander, daß für die Kenntnisnahme und Verinnerlichung anderer Ländergestalten keine Zeit blieb. Die erste und einzige demokratisch legitimierte Regierung der DDR wollte und konnte auch nicht autoritär ver-

Karte 1
Länder nach 1947, Bezirke ab 1952 und Bezirksgruppen 1990

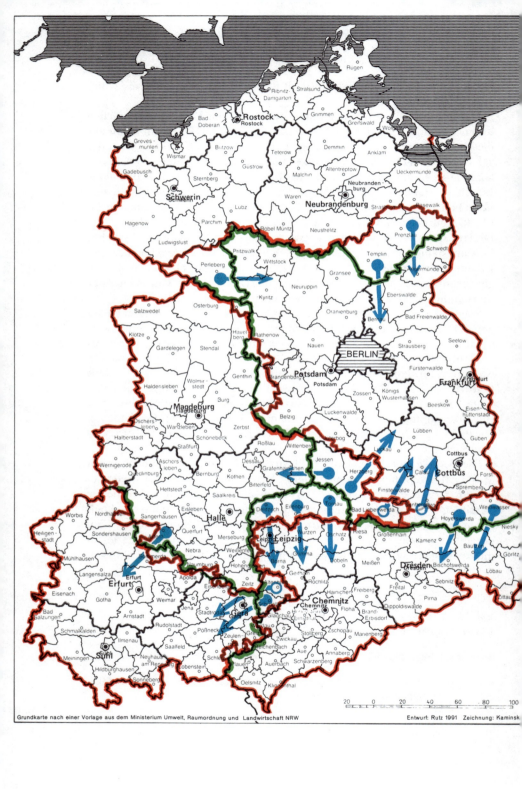

ordnen, denn das hätte an die überwundene zentrale Kommandostruktur erinnert und Proteste mit unberechenbaren Folgen herausgefordert.

Die Zahl von fünf verhältnismäßig kleinen Ländern, die durch das Ländereinführungsgesetz im Juli 1990 beschlossen worden waren, warf Probleme bei der Sitzverteilung im Bundesrat auf, die auch gegenwärtig noch nicht befriedigend gelöst sind. Nach der 1962 gemäß Artikel 51, Abs. 2 GG beschlossenen Sitzzuweisungsregel hätten vier der neuen Länder je vier Sitze im Bundesrat zugestanden[30]; sie wären dadurch – gemessen an ihren Einwohnerzahlen – weit überrepräsentiert worden. Wäre die Drei-Länder-Lösung nach Blaschke zustande gekommen, hätte sich im Bundesrat ein richtiges, der Bevölkerungsverteilung entsprechendes Stimmenverhältnis ergeben. Nachdem aber der Beitritt von fünf Ländern feststand, sah sich der Bundesrat im August 1990 veranlaßt, eine Neuverteilung der Bundesratssitze zu erwirken[31], um das Ungleichgewicht zwischen Sitzverteilung und Bevölkerungszahl zu mildern (vgl. dazu Abschnitt 7).

6.3 Landsmannschaftliche sowie historisch-kulturelle Zusammenhänge

Alle fünf neuen Bundesländer besitzen eine historische Identifikation. Die gefühlsmäßigen Bindungen richten sich jedoch auf sehr unterschiedlich alte Zeithorizonte. Thüringens Wurzeln reichen bis in die Zeit der Stammesherzogtümer vor rd. 1000 Jahren zurück, Mecklenburg, Brandenburg und Sachsen entstanden aus Marken, deren territoriale Festigung im frühen Mittelalter erfolgte, und Sachsen-Anhalt existierte von 1946 bis 1952 als Land unter sowjetischer Militärverwaltung und zentralistischer DDR-Regierung. Im Gebiet der fünf neuen Länder gibt es jedoch einige weitere Territorien, die historische Identifikationen erlauben; es sind dies Vorpommern und Anhalt sowie die beiden Lausitzen und Niederschlesien (vgl. Abschnitt 2.2 und 2.3).

Karte 2
15 Kreise in Überschneidungsbereichen von Ländern und Bezirksgruppen mit ihrer gegenwärtigen Zuordnung

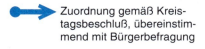 Länder bis 1952   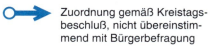 Bezirksgruppen 1990

15 Kreise in Überschneidungsbereichen:

Zuordnung gemäß Kreistagsbeschluß, übereinstimmend mit Bürgerbefragung

Zuordnung gemäß Kreistagsbeschluß, nicht übereinstimmend mit Bürgerbefragung

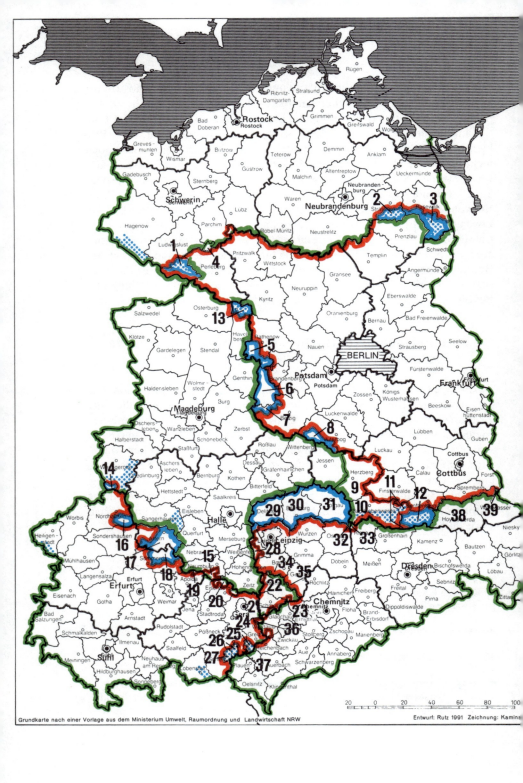

6.3 Landsmannschaftliche, historisch-kulturelle Zusammenhänge

Die Kritik am Zuschnitt der existierenden fünf Länder ist davon abhängig, wie viele Länder auf dem Territorium der ehemaligen DDR wünschenswert sind. Der historische Aspekt erlaubt Befürwortungen zwischen vier und acht Ländern. So spricht nichts dagegen, den Wunsch der Bevölkerung in *Vorpommern* nach einem eigenen Bundesland zu respektieren. Es handelt sich um ein geschlossenes Gebiet mit mehr als 500 000 Einwohnern, das 1945 erstmals mit dem westlich benachbarten Mecklenburg vereinigt wurde. Als Teil der ehemaligen preußischen Provinz Pommern besitzt dieser Raum wesentlich stärkere Traditionslinien nach Brandenburg als nach Mecklenburg.

Das Land *Anhalt* gehörte zu denjenigen deutschen Ländern, die bis 1945 ihre Eigenständigkeit bewahrt hatten. Dynastische Traditionen und der historische Name wirkten bis in die Gegenwart fort. Unverändert hätte Anhalt nicht wiederentstehen können, denn sein Territorium bestand aus zwei sehr unregelmäßig zugeschnittenen Teilen. Es wäre aber denkbar, benachbarte, zuletzt preußische Gebiete an Anhalt anzugliedern, um zwischen Fläming und Harz ein geschlossenes Landesterritorium zu schaffen. Die Einwohnerzahl wäre – je nach Zuschnitt – größer oder kleiner, keinesfalls aber unter einer halben Million.

Die *Lausitzen*, Ober- und Niederlausitz, gehören seit dem zehnten Jahrhundert zum Reich und bilden gemeinsam einen durch sorbische Bevölkerungselemente mitbestimmten historischen Raum. Dieser war zwar nie zu territorialer Selbständigkeit gelangt, die Lausitzen blieben jedoch 500 Jahre lang als Nebenländer Brandenburgs, Böhmens und zuletzt Sachsens ungeteilt. Erst 1815 gelangte Preußen endgültig in den Besitz der Niederlausitz, die der Provinz Brandenburg angegliedert wurde, und außerdem in den Besitz des nordöstlichen Teils der Oberlausitz, der zur Provinz Schlesien geschlagen wurde (vgl. Abschnitt 2.3). 1945 wurde dieser schlesische Teil, so-

Karte 3
Gebiete, für die ein Länderwechsel möglich ist und/oder gewünscht wird

▬▬▬ Länder bis 1952   ▬▬▬ Länder 1990

Gebiete, die gemäß Art. 2 (3) LEG berechtigt sind, einen Länderwechsel zu beantragen:

Gebiete, die 1990 einen Länderwechsel wünschten, ohne daß dafür eine Rechtsgrundlage bestand:

 beantragt

 nicht beantragt

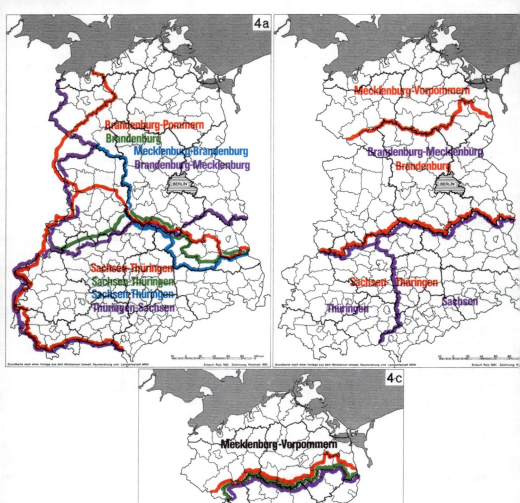
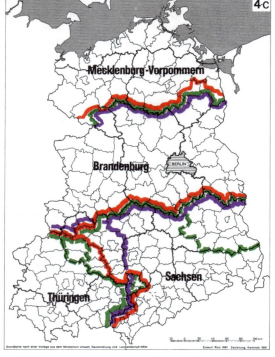

6.3 Landsmannschaftliche, historisch-kulturelle Zusammenhänge

weit er westlich der Neiße liegt, mit Sachsen (wieder)vereint; es wäre unsinnig, diese ehemals schlesische Oberlausitz als eigenes Land zu etablieren, wie es im Sinne provinzschlesischer Tradition 1945 und 1990 gefordert wurde. Im Jahre 1990 spielten dabei lokalpolitische Kreise der potentiellen Hauptstadt Görlitz eine besonders aktive Rolle.

Eine andere Beurteilung müßte eine wiedervereinigte Ober- und Niederlausitz erfahren. Beide Lausitzen gemeinsam, jetzt nur die westlich der Neiße gelegenen Landesteile, wären sehr wohl geeignet, ein eigenes historisch gut begründetes Bundesland mit rd. 1,3 Mio. Einwohnern zu bilden.

Gäbe es diese drei zusätzlichen Länder – Vorpommern, Anhalt und Lausitz –, blieben die Kernräume von vier der vorhandenen fünf Länder unberührt. Lediglich das jüngste Gebilde, das erst 1945 geschaffene Sachsen-Anhalt, würde durch die Existenz von Anhalt zerstört werden. Die südlich des anhaltischen Raumes gelegenen Landesteile mit überwiegend sächsischen Traditionen gingen in diesem Falle an das Land Sachsen; für die Gebiete westlich der Saale könnte auch eine noch ältere Zugehörigkeit zu Thüringen berücksichtigt werden (vgl. Farbkarte 5, S. 124).

Die nördlichen Landesteile dagegen könnten dann den 1815 geschaffenen administrativen Zusammenschluß der Altmark mit Magdeburg und Halberstadt als neues Land Magdeburg und damit die historische Raumbildung an der mittleren Elbe fortsetzen. Das Künstliche, Zwitterartige, das die preußische Provinz Sachsen und abgeschwächt auch das Land Sachsen-Anhalt besaß und heute wieder besitzt, haftete dem kleineren Land Magdeburg mit

Karte 4 a – c
Gliederungsvorschläge für neue Bundesländer auf dem Gebiet der ehemaligen DDR

Zwei-Länder-Lösungen

■ nach Münchheimer 1954
■ nach Habicht 1990
■ nach Gobrecht 1990
■ nach Rutz 1990

Drei-Länder-Lösungen

■ nach Blaschke 1990
■ nach Rutz 1990

Vier-Länder-Lösungen

■ nach Blaschke 1990
■ nach Regierungskommission 1990
■ nach Rutz 1990

6.3 Landsmannschaftliche, historisch-kulturelle Zusammenhänge

der Altmark und dem Raum um Halberstadt nicht mehr an; es hätte etwa 1,2 Mio. Einwohner.

Die Farbkarte 5 zeigt die Begrenzung dieser acht auf dem Gebiet der ehemaligen DDR möglichen Länder; acht Länder stellten das Optimum für landsmannschaftliche Identifikationen der Bevölkerung dar, acht Länder würden jedoch aufgrund tatsächlicher oder vermeintlicher Zwänge, die sich aus der Forderung nach wirtschaftlicher Leistungsfähigkeit und politischer Handlungsfähigkeit ergeben (vgl. Abschnitt 6.2), im gegenwärtigen System der Bundesrepublik nicht toleriert werden. Neben dem tatsächlichen Bestreben, das im Jahre 1990 auf die Wiedererrichtung der fünf Länder aus den Jahren 1945/46 bis 1952 ausgerichtet war, gab es ja auch keine Gesamtkonzepte, die *mehr* Länder vorgesehen hätten; vielmehr wurden durchweg *weniger* Länder für richtig gehalten.

Neben dem Optimum von acht Ländern lassen sich aus historisch-politischer Sicht auch sieben, sechs, fünf, vier oder drei Länder rechtfertigen. Geringeres Existenzrecht hätten diejenigen Länder, die jeweils geringere Identifikationsmöglichkeiten bieten oder durch Identifikationsüberschneidungen betroffen sind.

Die zuletzt genannte Tatsache, also Identifikationsüberschneidungen, trifft besonders für Anhalt zu. Dieses Land bestand zuletzt – wie schon gesagt – aus zwei Teilterritorien und umfaßte landsmannschaftlich sowohl nieder- als auch mitteldeutsche Landesteile; auf Anhalt müßte verzichtet werden, wenn es nicht acht, sondern sieben historisch begründete Länder geben sollte. Anhalt wäre zwischen Sachsen, Thüringen und dem nördlichen Nachbarn Magdeburg aufzuteilen. Die verbleibenden *sieben* Länder wären Mecklenburg, Vorpommern, Brandenburg, Magdeburg, Thüringen, Sachsen und die Lausitz (vgl. Farbkarte 5).

Wie oben schon gesagt, ließe sich auch eine historisch vertretbare Lösung für *sechs* neue Länder finden. Dabei wäre zu berücksichtigen, daß die Altmark die Keimzelle Brandenburgs ist und auch die beiden weiteren Teile des

Karte 5
Mögliche Zuschnitte von bis zu acht Ländern auf dem Gebiet der ehemaligen DDR

oben beschriebenen Landes Magdeburg, die beiden geistlichen Territorien Magdeburg und Halberstadt, schon 1648 und 1680 an Brandenburg gefallen waren. Dadurch gibt es politisch und landsmannschaftlich traditionsreiche Verbindungen zu Brandenburg. So liegt es nahe, Magdeburg erneut mit Brandenburg zusammenzuschließen[32]. Es blieben dann folgende sechs Länder übrig: Mecklenburg, Vorpommern, Brandenburg, Thüringen, Sachsen und die Lausitz.

Wäre es das Ziel gewesen, fünf neue Länder zu bilden, die den historischen Räumen besser hätten angepaßt sein sollen, statt die *fünf* Länder von 1952 zu restaurieren, dann müßte aus obiger Reihe zunächst Vorpommern wegfallen; es ist das kleinste Land aus der Sechsergruppe. Seine Angliederung an Mecklenburg wäre zu rechtfertigen, wenn den Pommern eine innere Autonomie zugestanden und dem Land ein Doppelname gegeben worden wäre. Es könnte aber nicht nur an Mecklenburg, sondern auch an Brandenburg angegliedert werden; die älteren Traditionen weisen nach Brandenburg. 1990 wurde der Anschluß an Brandenburg diskutiert.[33] Neben dem Wunsch nach einem eigenen Land überwog aber die Vorstellung von einem Land Mecklenburg-Vorpommern mit zwei autonomen Landesteilen[34]. Die Gruppe der fünf Länder bestünde dann aus Mecklenburg-Vorpommern, Brandenburg, Thüringen, Sachsen und der Lausitz.

Um *vier* Länder zu bilden, müßte das Land Lausitz aufgegeben, keinesfalls aber erneut aufgeteilt werden, wie es tatsächlich 1990 geschehen ist. Die traditionellen politischen Bindungen der Lausitz weisen eindeutig nach Sachsen; beide Lausitzen von Lübben bis Görlitz sollten bei einer Vier-Länder-Lösung an Sachsen fallen; es wäre jedoch noch wichtiger als im Falle von Vorpommern, den Lausitzen eine innere Autonomie zu gewähren, nicht allein wegen der sorbischen Minderheit, sondern auch wegen der landsmannschaftlichen Unterschiede zwischen Sachsen und Lausitzern. Die folgende Vier-Länder-Lösung entspricht der Variante C von Blaschke (1990), der Grundvariante B von Scherf und Zaumseil (1990) sowie dem in der Denkschrift von Rutz (1990) favorisierten Vorschlag. Die vier Länder hießen Mecklenburg-Vorpommern, Brandenburg, Thüringen und Sachsen.

Auch nur *drei* Länder ließen sich unter Wahrung historischer Bezüge rechtfertigen. Unter der Herrschaft des Hauses Wettin waren große Teile der heutigen Länder Thüringen und Sachsen rd. 200 Jahre lang vereint. Mit der sog. Leipziger Teilung 1485 begann ein Trennungsprozeß, dessen bisher letzte Folge die wiedererrichtete Grenze zwischen beiden Ländern darstellt (vgl. Abschnitte 2.2 und 2.3). Aus politisch-landsmannschaftlichen Bindungen ließe sich also eine Zusammenlegung von Thüringen und Sachsen rechtfertigen. Blaschke (1990) hat das als Begründung zu seinem Vorschlag D näher ausgeführt. Auch hier wäre an ein Modell von zwei im inneren autonomen Landesteilen zu denken. Ein Doppelname für das Land wäre selbstverständlich, aus pragmatischen Gründen müßte es Thüringen-Sachsen[35] heißen. Die drei Länder wären Mecklenburg-Vorpommern, Brandenburg und Thüringen-Sachsen.

Die vorstehende Betrachtung hat gezeigt, daß mit abnehmender Zahl der Länder jeweils größere historische und meist auch landsmannschaftliche Identitätsverluste in Kauf genommen werden müssen. Das Optimum unter Einbezug des Kriteriums der Größe und Leistungsfähigkeit hängt davon ab, wie die verschiedenen Kriterien gewichtet werden. Ein Zusammenschluß von Thüringen und Sachsen erscheint bereits als zu weitgehend, gänzlich abzulehnen wäre aber unter landsmannschaftlichem Aspekt ein weiterer Zusammenschluß, nämlich der von Mecklenburg-Vorpommern und Brandenburg zu einem Nordost-Land. Auch ein solches Land war vorgeschlagen worden (vgl. Habicht 1990 und Gobrecht 1990). Es müßte gebildet werden, wenn es zu einer späteren Länderreform kommen sollte, die die vorhandenen 16 Länder der Bundesrepublik Deutschland zu sieben, acht oder neun zusammenschlösse. Zu keiner Zeit waren Mecklenburg und Brandenburg vereint, entsprechend gibt es auch keine Gemeinsamkeitsgefühle der Mecklenburger und Brandenburger. Eine Gegnerschaft ist allerdings ebenfalls nicht vorhanden; sollte es später zu dieser Zusammenfassung kommen, wäre dies der Beginn eines historisch neuen Prozesses, der auf die Vereinigung beider Landsmannschaften gerichtet wäre.

6.4 Erfordernisse der Raumordnung und Landesplanung

Der Artikel 29 (1) GG verlangt eine Länderabgrenzung, die wirtschaftlich zweckmäßig ist sowie die Erfordernisse der Raumordnung und der Landesplanung berücksichtigt. Schon die „Ernst-Kommission" sagte dazu: „Dies bedeutet: Verdichtungsräume, Stadtregionen, zentrale Orte und ihre Verflechtungsbereiche sollten von Landesgrenzen nicht durchtrennt, Verdichtungsbänder und Entwicklungsachsen sollten nicht längs durchschnitten werden."[36] Wie sind die neuen Ländergrenzen und die noch erstrebten Änderungen nach diesem Kriterium zu beurteilen?

Generell ist festzustellen, daß die neuen Ländergrenzen weniger regionalwirtschaftliche Zerschneidungseffekte verursachen als die alten, bis 1952 gültigen Grenzen. Diese positive Eigenschaft folgt aus der Tatsache, daß die neuen Ländergrenzen durchweg mit den 1952 verordneten, nach den Verflechtungsgebieten der Mittel- und Unterzentren zugeschnittenen Kreisgrenzen zusammenfallen. Abweichungen, die 1952 nicht bereinigt worden waren, sind auch heute unverändert vorhanden; diese sind aber selten. Dazu gehört die Zerschneidung des Einflußbereichs von Wittenberge. Hier war die Elbe seit den Anfängen Brandenburgs nie eine Landesgrenze, bis 1815 die neue Staatseinteilung Preußens die Altmark der Provinz Sachsen, die Prignitz der Provinz Brandenburg zuteilte. Wittenberge geriet damit an die Grenze zweier Provinzen und späterer Länder, es wurde von dieser Randlage weder 1945/46 noch 1952 oder 1990 befreit. Sein Einflußbereich reicht im Westen bis Lenzen, im Süden bis Seehausen und im Osten bis Havelberg.

Auch die Verflechtungsbereiche der Oberzentren weisen kaum Überschneidungen mit den Ländergrenzen auf. Ausnahmen bilden die Kreise Bad Liebenwerda und Senftenberg; diese gehören zu Brandenburg, liegen aber – zumindest in ihren südlichen Teilen – im oberzentralen Einflußbereich von Dresden. In beiden Kreisen hatten die Bürgerbefragungen vom Juni 1990 Mehrheiten für Sachsen, u. a. auch wegen der Versorgungsfunktion von Dresden, ergeben; die Kreistagsbeschlüsse bestimmten die heutige Landesgrenze (vgl. Abschnitt 5.2).

Auch in einem dritten Fall, nämlich in Altenburg, hatten sich die Bürger für eine sinnvolle Zuordnung zum Oberzentrum Leipzig entschieden (vgl. Abschnitt 5.2). Auch hier fiel der Kreistagsbeschluß anders aus. Altenburg und Schmölln liegen eindeutig im oberzentralen Versorgungsbereich von Leipzig. Aus dieser Sicht ist 1990 eine Verschlechterung der Grenzführung eingetreten.

Aus der Sicht der tertiärwirtschaftlichen Zuordnung müssen die vorhandenen Ländergrenzen positiv beurteilt werden. Ihr Verlauf stimmt – von den drei genannten Ausnahmen abgesehen – gut mit den Grenzen der Verflechtungsbereiche zentraler Orte überein. Größere Stadtregionen, soweit sie nicht in mehrkernigen Verdichtungsräumen liegen, werden nicht zerschnitten. Dort allerdings, wo die Stadtregionen zu großflächigen Ballungsräumen verschmolzen sind, wie das im mitteldeutschen Industriegebiet um Halle, Leipzig und Dessau der Fall ist, muß eine Landesgrenze, auch wenn sie im lokalen Maßstab optimal verläuft, als Störfaktor wirken. Die an der Grenze wechselnden staatlichen Zuständigkeiten, die auch für die Wirkungsbereiche vieler privatrechtlich organisierter Institutionen grenzbildend sind, verhinderte eine optimale Entwicklung des Gesamtraumes. Jede Behörde arbeitet auftragsgemäß im eigenen räumlichen Zuständigkeitsbereich; dieser soll bestmöglich gefördert werden, grenzübergreifende Optimierungen bleiben nachgeordnete Entwicklungsziele. Dazu wird zwar die räumliche Planung und Infrastrukturpolitik mit dem Nachbarland abgestimmt. Alle Zusammenarbeit über die Ländergrenze hinweg versagt aber, wenn unterschiedliche finanzielle Interessen der beteiligten Länder berührt werden.

Die Stadt-Umland-Regionen durchdringen sich im engeren mitteldeutschen Ballungsraum vielfach. Die Landesgrenze zwischen Sachsen-Anhalt und Sachsen trennt Bitterfeld von Delitzsch, Halle von Schkeuditz, Merseburg von Leipzig und Zeitz von Pegau. Aus wirtschaftsräumlich-landes-

6.4 Erfordernisse der Raumordnung und Landesplanung

planerischer Sicht ist es besonders nachteilig, daß die Kreise Altenburg und Schmölln zu Thüringen gelangt sind. Dadurch wird das Verdichtungsband Leipzig – Altenburg – Zwickau/Werdau gleich zweimal zertrennt. Wären Altenburg und Schmölln wie der übrige Bezirk Leipzig zu Sachsen gekommen, wäre die Trennungswirkung der Landesgrenze geringer gewesen.

Solange es die Länder Sachsen-Anhalt, Sachsen und Thüringen gab und geben wird, sorgen die Ländergrenzen im hochindustrialisierten Kernraum Mitteldeutschlands für eine entwicklungspolitische Benachteiligung. Vermeidbar wäre diese nur gewesen, wenn Sachsen-Anhalt nicht wiedererrichtet und Thüringen mit Sachsen zu einem Bundesland zusammengefaßt worden wäre. Es wurde schon betont, daß es dafür im Jahre 1990 keine Möglichkeit gab.

Die Wiedererrichtung der fünf 1952 erloschenen Länder mit nur geringfügig veränderten Grenzen hat auch bewirkt, daß der einheitliche Wirtschaftsraum der Lausitz erneut zwischen Brandenburg und Sachsen aufgeteilt wurde; die neue Landesgrenze verläuft von Ruhland nach Muskau an der Görlitzer Neiße. Die Lausitz sollte nicht allein aus historisch-landsmannschaftlichen Gründen ungeteilt sein, auch die Raumordnungspolitik verlangt hier eine einheitliche Verwaltung. Die durch den Braunkohlenabbau und die Energiewirtschaft ausgelösten Landeskultur- und Umweltprobleme sind von Lübben bis Zittau ähnlich und konzentrieren sich besonders beiderseits der gegenwärtigen Landesgrenze; diese ist daher wirtschaftlich und ökologisch extrem unzweckmäßig. Nicht zuletzt auch aus diesen raumwirtschaftlichen Erwägungen hatten Blaschke und Rutz vorgeschlagen, die gesamte Lausitz, also auch den ehemaligen DDR-Bezirk Cottbus an Sachsen anzugliedern. Auch die Abtretung eines kleinen Teilgebietes von Brandenburg nach Sachsen, die von der Bevölkerung im Südteil des Kreises Senftenberg durchgesetzt werden könnte, ändert nichts an den Gründen, die Teilungsgrenze in der Lausitz generell in Frage zu stellen.

Die Kritikpunkte, die sich aus den Erfordernissen der Raumordnung und der Landesplanung ableiten ließen, führten bereits zurück auf die Grundfrage nach der Zahl der Länder. Fünf Länder sind gebildet worden. Es waren zu viele, und es waren die falschen fünf Länder. Wenn schon fünf Länder, dann hätte statt Sachsen-Anhalt, das in jedem Falle zwischen Brandenburg, Thüringen und Sachsen aufzuteilen wäre, ein neues Land „Lausitz" gebildet werden müssen[37].

Besser wären vier Länder gewesen, wie sie in der Kommission für die Vorbereitung und Durchführung der Verwaltungsreform unter den Regierungen Modrow und de Maizière diskutiert[38] und unabhängig voneinander auch von Blaschke (1990) und Rutz (1990) vorgeschlagen worden waren; Mecklenburg-Vorpommern, Brandenburg, Thüringen und Sachsen sollten entstehen. Die Tatsache, daß die Fachleute in dieser Frage übereingestimmt hatten, deutet an, daß eine Vier-Länder-Lösung sich einem Optimum angenähert hätte. In diesem Länderrahmen hätte auch das mitteldeutsche Ballungsgebiet Halle – Leipzig – Dessau mit seinen wirtschaftlichen Struktur- und Umweltproblemen eine einheitliche landesplanerische Behandlung erfahren können.

7 Ausblick: Weiterentwicklung des Föderalismus in Deutschland – Vorstellungen und Realitäten

Das Spannungsfeld zwischen Beharrungsvermögen und Veränderlichkeit der 1990 entstandenen Länderstruktur im vereinten Deutschland, in der vergrößerten Bundesrepublik, wird mittel- und langfristig durch verschiedene, z. T. divergierende Kräfte und Faktoren beeinflußt werden, die in folgendem skizziert werden.

Mit dem föderalistischen Staatsaufbau der Bundesrepublik Deutschland, der sich – insgesamt gesehen – politisch, wirtschaftlich und sozial bewährt hat, existiert ein durch die Verfassung (Grundgesetz) gesicherter stabiler Rahmen. Die alten und auch die neuen Bundesländer, die aus traditionsreichen deutschen Regionen (Ländern, Provinzen) bzw. deren Zusammenlegung in der Nachkriegszeit hervorgegangen sind, besitzen ein großes Beharrungsvermögen. Mit Ausnahme der 1952 zusammengelegten drei kleineren Länder Württemberg-Hohenzollern, Württemberg-Baden und Süd-Baden, die zwei Besatzungszonen angehörten und danach den „Südweststaat" Baden-Württemberg bildeten, hat es auf dem Territorium der Bundesrepublik Deutschland (alte Länder) keine Veränderung der Länderstruktur gegeben.

Auch die neuen Länder des Beitrittsgebiets der ehemaligen DDR haben sich in ihrem räumlichen Zuschnitt weitgehend an die von 1945/46 bis 1952 bestehende Länderstruktur der SBZ/DDR angelehnt, die ihrerseits mit Ausnahme Sachsen-Anhalts traditionsreiche historisch-geographische Vorformen als landbestimmende konstitutive Elemente besaßen.

Die von der „Ernst-Kommission" – ausgehend von den Erfordernissen und Möglichkeiten des Artikels 29 GG – Ende der 60er, Anfang der 70er Jahre konzeptionell gründlich vorbereitete Neugliederung der Bundesrepublik (alte Länder), die im wesentlichen auf eine durchgängige Bildung wirtschaftlich leistungsstarker Bundesländer abzielte, scheiterte *vor* ihrer Durchsetzung am politischen Widerstand auf Bundes- und Länderebene. Dabei spielten wirtschaftliche und soziale Unterschiede zwischen den Ländern sowie parteipolitische Konstellationen eine wesentliche Rolle. Diese werden z. T. mit historisch entstandenen emotionsgeladenen landsmannschaftlichen Bindungen und Abneigungen verknüpft, wobei auch das Beharrungsvermögen „beamteter" Verwaltungsstrukturen sowie regionaler Ego-

7 Weiterentwicklung des Föderalismus in Deutschland

Übersicht 16: Stimmenverteilung im Bundesrat nach Bundesländern

Bundesland	vor und nach	dem Beitritt der ehemaligen DDR
Nordrhein-Westfalen	5	6
Bayern	5	6
Baden-Württemberg	5	6
Niedersachsen	5	6
Hessen	4	4
Rheinland-Pfalz	4	4
Schleswig-Holstein	4	4
Saarland	3	3
Hamburg	3	3
Bremen	3	3
Berlin	4	4
Brandenburg	–	4
Sachsen	–	4
Sachsen-Anhalt	–	4
Thüringen	–	4
Mecklenburg-Vorpommern	–	3
Länder insgesamt	45	68

ismus und Partikularismus in ihrer Wirkung nicht unterschätzt werden sollten.

Die Vereinigung Deutschlands durch den Beitritt der in Eile gebildeten und erst durch die Landtagswahlen vom 14. 10. 1990 nachträglich demokratisch legitimierten neuen Bundesländer zum Wirkungsbereich des GG der Bundesrepublik Deutschland hat andere, erheblich kompliziertere Bedingungen für die Wirkungsweise und die Fortentwicklung des Föderalismus in Deutschland geschaffen. Die Anzahl der Bundesländer ist von 11 auf 16 gestiegen, wobei der Anteil kleinerer und vor allem wirtschaftsschwacher Länder gewachsen ist. Das Ungleichgewicht zwischen den Bundesländern hat sich erhöht, wobei insbesondere das starke und z. Z. noch wachsende wirtschaftliche und soziale West-Ost-Gefälle – mentale Unterschiede eingeschlossen – das kooperative Zusammenwirken der Länder im föderalen Rahmen der Bundesrepublik außerordentlich erschwert und behindert.

Um die Interessen der alten, insbesondere der größeren und in der Regel auch wirtschaftsstarken Bundesländer im erweiterten Rahmen der Bundesrepublik Deutschland wahren zu können, wurde eine neue Stimmenverteilung der Länder im Bundesrat gemäß Art. 51, Abs. 3 GG bzw. Art. 4 des Beitrittsvertrages festgelegt. Danach erhalten Länder unter 2 Mio. Einwohner 3 Stimmen, mit 2 bis unter 6 Mio. Einwohner 4 Stimmen, mit 6 bis unter

7 Mio. Einwohner 5 Stimmen sowie ab 7 Mio. Einwohner 6 Stimmen im Bundesrat. Daraus ergibt sich im Vergleich zur bisherigen die in der Übersicht 16 dargestellte neue Stimmenverteilung.

Damit haben die alten Bundesländer ihre Majorität (sogar Zweidrittelmehrheit) im Bundesrat gesichert, wobei Berlin das „Zünglein an der Waage" spielt – auch für die Erzielung des Einspruchsrechts der neuen Länder (mit dann einem Drittel der Stimmen).

Das gravierende West-Ost-Gefälle wirtschaftlicher und sozialer Natur zwischen den alten und neuen Bundesländern, das z. Z. noch wächst und auch durch die materielle und personelle Hilfe einzelner alter für bestimmte neue Länder sowie die ausgedehnte Arbeitspendelwanderung (ca. 500 000 bis 600 000 Arbeitspendler) zwischen östlichen Quell- und westlichen Zielorten nicht entscheidend beeinflußt werden kann, hemmt einerseits die Funktionsweise und weitere Ausprägung föderaler Prinzipien; andererseits wird der gesellschaftspolitisch übergeordnete und erforderliche wirtschaftliche, soziale und mentale Annäherungs- und Angleichungsprozeß zwischen den alten und neuen Bundesländern durch den regionalistisch geprägten Länderegoismus insbesondere der wohlhabenderen, reicheren Bundesländer – zumindest mittelfristig – behindert. So vollzieht sich der interregionale Finanzausgleich weiterhin (bis 1995) nur zwischen den wirtschaftsstärkeren und wirtschaftsschwächeren alten Bundesländern. Die für die Gemeinschaftsaufgabe „Aufbauwerk Deutschland-Ost" notwendige Länderfinanzierung der neuen Bundesländer erfolgt dagegen aus dem Fonds „Deutsche Einheit", über den der Bund – die Bundesregierung – verfügt.

Aus der finanzpolitischen Abhängigkeit insbesondere der kleineren und wirtschaftsschwachen Länder vom Bund – das föderative System wird dadurch insgesamt geschwächt – entstehen politische Kräfte, welche die Anzahl der Bundesländer verringern und damit deren Finanzkraft stärken wollen. Mit der Verringerung der Länderzahl werden wirtschaftlich leistungsfähige, große Bundesländer mit ausreichenden wirtschaftlichen und sozialen, natürlichen und ökologischen sowie demographischen „Ausgleichspotentialen" zwischen den Teilregionen *innerhalb* der einzelnen Länder angestrebt. Bundesländer wie Bayern, Baden-Württemberg und Nordrhein-Westfalen haben dafür beispielhafte „Zielgrößen".

In diesem Zusammenhang wird an Vorschläge von Münchheimer (1954) angeknüpft, der für das Territorium der Bundesrepublik Deutschland und der DDR im Falle der nationalen Vereinigung folgende sieben Länder (mit Hauptstadt und Regierungssitz) vorschlug:

1. Baden-Württemberg   Stuttgart
2. Bayern(-Franken)   München
3. Brandenburg-Pommern   Berlin
4. Hessen   Frankfurt, Sitz Mainz

5. Niedersachsen-Nordmark   Hamburg, Sitz Hannover
6. Rheinland-Westfalen   Düsseldorf
7. Sachsen-Thüringen   Leipzig
(vgl. Münchheimer 1954, S. 19).

Diese Vorstellungen sind z. T. – begrenzt auf das Territorium der DDR – bei der Vorbereitung der Wiedereinführung der Länderstruktur verschiedentlich aufgegriffen und ergänzt worden (vgl. Blaschke 1990 und 1991, Habicht 1990, Rutz 1990 sowie Scherf, Zaumseil 1990; siehe auch Farbkarte 4a bis 4c sowie Abschnitte 5 und 6). Auch Gobrecht (1990), der sich auf Ergebnisse der „Ernst-Kommission" (1973) stützte, knüpfte an eine Sieben-Länder-Variante für die neue, erweiterte Bundesrepublik Deutschland an. Er plädierte dabei für fünf Länder auf dem Gebiet der alten und für zwei auf dem Gebiet der neuen Länder (vgl. Abb. 23).

In der bisherigen aktuellen Diskussion sind in erster Linie die Zusammenlegung mehrerer Bundesländer bzw. der Anschluß kleinerer an größere Länder jeweils innerhalb der alten oder der neuen Bundesländer ins Kalkül gezogen worden. Der Anschluß Mecklenburgs an ein größeres Nordland, in dem Hamburg oder Hannover die Hauptstadtfunktion übernehmen müßten (in Anknüpfung an Gedanken von Münchheimer 1954) oder der Zusammenschluß von Hessen und Thüringen zu einem neuen mitteldeutschen Bundesland traten gegenüber Vorstellungen einer Zwei-, Drei- oder Vierländergliederung innerhalb und beschränkt auf das Territorium der ehemaligen DDR (vgl. Farbkarten 4a bis 4c sowie Abschnitte 5 und 6) deutlich zurück.

Hier wird der entscheidende Faktor des wirtschaftlichen und sozialen Gefälles zwischen den alten und neuen Ländern als Gradmesser für die Opportunität von Länderzusammenschlüssen offensichtlich. Da sich dieses West-Ost-Gefälle bei einer entsprechenden länderübergreifenden Wirtschafts- und Sozial- sowie Investitions- und Raumordnungspolitik nur langfristig und schrittweise abbauen läßt, erscheinen Fusionen aus alten und neuen Bundesländern in absehbarer Zeit sehr fraglich.

Der Zusammenschluß von Sachsen und Thüringen sowie Teilen des Landes Sachsen-Anhalt zu einem – perspektivisch gesehen – wirtschaftlich potenten Bundesland im nationalen und europäischen Rahmen wäre denkbar. Dies erschiene auch aus raumordnerischen Gründen (landes- und regionalplanerische Behandlung des sächsisch-thüringischen Ballungs- und Verdichtungsraumes „unter einem Dach") begrüßenswert, müßte jedoch landsmannschaftliche, landschaftliche und regional gebundene Besonderheiten entsprechend mit Provinzen, Regionen, Landschaftsgebieten und Verwaltungsbezirken beachten. Dies träfe in noch stärkerem Maße auf ein einheitliches „Nordland" zu, das Brandenburg, Berlin, Teile des Landes Sachsen-Anhalt (Magdeburger Region und die Altmark) sowie Mecklenburg-Vorpommern umfassen könnte.

7 Weiterentwicklung des Föderalismus in Deutschland 135

Region		Einwohner in Mio
NS	= Niedersachsen, Hamburg, Bremen, Schleswig-Holstein	12,2
MB	= Mecklenburg-Vorpommern, Brandenburg	9,4
RW	= Nordrhein-Westfalen	17,1
ST	= Sachsen, Thüringen	9,0
HP	= Hessen, Rheinland-Pfalz, Saarland	10,5
BW	= Baden-Württemberg	9,6
B	= Bayern	11,2

Abb. 23: Länderneugliederungsvorschlag für die Bundesrepublik Deutschland von Gobrecht (1990) (Quelle: Gobrecht 1990).

Wie groß die Widerstände sind, wenn es gilt, alte und neue Ländergrenzen zwischen zwei oder mehreren Bundesländern zu überwinden, wird im Vorfeld einer möglichen Vereinigung der Bundesländer Berlin und Brandenburg, die im Einigungsvertrag festgeschrieben wurde, deutlich. Neben historisch bedingten Vorbehalten aus der älteren und jüngsten Geschichte dieser Region werden Widersprüche zwischen alten (Berlin mit dem politisch und wirtschaftlich dominierenden altbundesdeutschen Westteil) und neuen Bundesländern (repräsentiert durch das Land Brandenburg) sowie zwischen Flächen- und Stadtstaaten evident. In Auswertung einer Ende 1991 durchgeführten Umfrage bei den brandenburgischen Ministern wurde folgende Bilanz der Vor- und Nachteile einer Vereinigung beider Bundesländer, die historisch, funktional und räumlich vielfältig und eng miteinander verflochten sind, aufgezeigt:

Pro – Die Chancen
- Das neue Land ist eine zusammenhängende Region mit 6 bis 8 Mio. Einwohnern, die innerhalb des zusammenwachsenden Europas „hinreichende politische Beachtung erzwingt".
- Berlin-Brandenburg wäre in der Bundesrepublik das fünftgrößte Land und könnte ein „erhebliches politisches Gewicht" einbringen.
- Die von der Bundeshauptstadt Berlin ausgehenden wirtschaftlichen und geistig-kulturellen Impulse kämen in größerem Ausmaß auch dem entfernteren ländlichen Raum zugute. Das Angebot öffentlicher Leistungen (Hochschulen, Krankenhäuser etc.) würde insgesamt verbessert.
- Da die Konkurrenz zwischen beiden Ländern um Unternehmensansiedlungen und Einwohner aufhört, werden Mittel für die Entwicklung des ganzen Landes frei.
- Einheitliches Recht und einheitliche Verwaltung bedeuten Vereinfachungen für Bürger und Unternehmen, höhere Qualität und größere Effizienz der öffentlichen Leistungen.
- Bei Zusammenlegung der Verwaltungen und Parlamente ist mit finanziellen Einsparungen zu rechnen.
- Die historisch-kulturelle Zusammengehörigkeit beider Länder, die nur 40 Jahre getrennt waren, wird wieder hergestellt.
- Der „politische Kraftakt" des Zusammenschlusses selbst hat positive Wirkungen für Politik, Wirtschaft und Geistesleben.

Contra – Die Risiken
- Berlin besitzt mit 3,4 von 6 Mio. Einwohnern in dem gemeinsamen Land eine „strukturelle Mehrheit". Spezielle Brandenburger Interessen wie die Probleme der entfernteren Landstriche, die Umweltsituation im Berliner Umland, das Kohlerevier und die Landwirtschaft „finden keine Mehrheiten" und bleiben ungelöst.
- Aufgrund der derzeitigen Berechnungsverfahren gibt es für das gemeinsame Land weniger EG-Gelder und Bundesmittel.
- Die Zusammenführung der beiden äußerst angespannten Landeshaushalte birgt

7 Weiterentwicklung des Föderalismus in Deutschland

große Risiken und setzt den Rahmen für erforderliche Kreditaufnahmen möglicherweise erheblich herab.
- Die Umlandgemeinden können nicht direkt mit den Berliner Bezirken zusammenarbeiten, die kommunalrechtlich nicht selbständig sind.
- Die Berliner Verwaltungsstrukturen sind teilweise ineffizient, der Personalapparat ist zu groß. Überzählige Berliner Verwaltungsangestellte und -beamte würden Brandenburger Bewerber verdrängen.
- Die Brandenburger Vorstellungen für eine Landesverfassung sind in einem gemeinsamen Land nicht umsetzbar.
- Die Herausbildung einer eigenständigen Identität im jungen Bundesland Brandenburg wird durch die Berliner Dominanz behindert.
- Durch die Neu- und Umstrukturierung von Behörden und Verwaltungsabläufen gibt es – zumindest in der Übergangszeit – Reibungsverluste.

(Berliner Zeitung vom 17. 1. 1992, S. 16).

Während die Prostimmen in Berlin und – wenn auch abgeschwächt – in Brandenburg in politischen Kreisen z. Z. überwiegen, gibt es über den Zeithorizont des Zusammenschlusses außerordentlich differenzierte Vorstellungen. Sie bewegen sich zwischen dem Ende der gegenwärtigen Legislaturperiode (1994) und Zeiten, die weit nach der Jahrhundert- und damit Jahrtausendwende liegen. Hier tritt die historische Dimension der Veränderung derartiger politisch-administrativer Raumstrukturen, die ihrerseits mit vielschichtigen wirtschaftlichen und sozialen, politischen und kulturellen Faktoren, aber auch mannigfaltigen Imponderabilien im subjektiven Bereich verbunden sind, klar hervor. Dies stellt wiederum hohe Ansprüche an Wissenschaft und Politik.

Das wissenschaftliche und politische Aufgabenspektrum wird durch die strategischen Forderungen und Ziele der Europäischen Gemeinschaften (EG), ein „Europa der Regionen" im politischen und wirtschaftlichen, sozialen und geistig-kulturellem Integrationsrahmen schaffen und gestalten zu wollen, noch erweitert. Dabei kann den in das föderale System der Bundesrepublik Deutschland eingebundenen Ländern, die politisch relativ eigenständige und wirtschaftlich z. T. leistungsfähige Raumeinheiten mit historisch-kulturellen und landsmannschaftlichen Traditionen darstellen, als europäischen Regionen der Vergangenheit, Gegenwart und Zukunft eine große Rolle beigemessen werden. Zu diesen Regionen der Europäischen Gemeinschaft auf der höchsten Ebene der Hierarchie räumlicher Einheiten (Nuts 1) werden z. Z. alle – die alten und die neuen – Bundesländer gerechnet.

Während die Stadtstaaten Berlin, Bremen und Hamburg sowie die kleineren Flächenstaaten Schleswig-Holstein, das Saarland und die fünf neuen Bundesländer ohne Mittelinstanzen nicht weiter untergliedert werden, gehen die größeren Bundesländer mit einer weiteren Ebene, die den Regierungsbezirken dieser Länder entspricht, in die z. Z. (1992) bestehenden 178

Regionen der ersten und zweiten Ebenen (Nuts 1 und 2) der Europäischen Gemeinschaften ein.

Auf die Bundesrepublik Deutschland entfallen demzufolge 36 Regionen der ersten und zweiten Ebene, die sich nach Bevölkerung und Fläche etwa mit den Regionen in Großbritannien und Italien vergleichen lassen.[39] Den Bundesländern mit ihren Vertretungen in Brüssel und Straßburg kann dabei als europäischen Regionen eine große Bedeutung und Perspektive eingeräumt werden. Natürlich spielen in diesem Kontext deren Größe und Lage, wirtschaftliche Leistungskraft und Lebensqualität sowie deren geistig-kulturelle Traditionen und Ausstrahlungskraft im europäischen Rahmen eine entscheidende Rolle.

Anmerkungen

[1] Die Grenze verlief ca. 5 km südwestlich der Havel bei Ferch (Schwielowsee), etwa bei der heutigen Autobahnabzweigung Richtung Schkeuditzer Kreuz vom Berliner Ring.

[2] Vgl. Verordnung wegen verbesserter Einrichtung der Provinzial-Behörden, 30. April 1815, S. 95 f. (Preußische Gesetzessammlung 1815); zitiert nach: Grundriß ... Verwaltungsgeschichte, a. a. O., Bd. 6, S. 9.

[3] Vgl. Kontrollratsgesetz Nr. 46 vom 25. Februar 1947; zitiert nach: Geschichte der deutschen Länder, a. a. O., Bd. 2, S. 89.

[4] Vgl. Anmerkung 2, a. a. O.; zitiert nach: Grundriß ... Verwaltungsgeschichte, a. a. O., Bd. 5, S. 17.

[5] Vgl. Preußische Gesetzessammlung 1920, S. 123; zitiert nach: Grundriß ... Verwaltungsgeschichte, a. a. O., Bd. 5, S. 47.

[6] Vgl. Berlin in Zahlen. Taschenbuch, 1947, S. 17 f.; zitiert nach: Berlin und sein Umland, a. a. O., S. 141.

[7] Vgl. Gesetz über die Gebietsbereinigungen in den östlichen preußischen Provinzen, 21. März 1938 (Preußische Gesetzessammlung 1938, S. 29); zitiert nach: Grundriß ... Verwaltungsgeschichte, a. a. O., Bd. 5, S. 139.

[8] Vgl. Gesetz über die Bildung von Groß-Hamburg und andere Gebietsbereinigungen (Reichsgesetzblatt I, 1937, S. 93); zitiert nach: Grundriß ... Verwaltungsgeschichte, a. a. O., Bd. 13, S. 265.

[9] In der 1. und 2. Auflage des von G. Schmidt-Renner herausgegebenen Buches ›Wirtschaftsterritorium Deutsche Demokratische Republik‹, Berlin 1958 und 1960, wurde im regionalen Teil noch von mecklenburgischen, brandenburgischen, sachsenanhaltinischen, sächsischen und thüringischen Bezirken bzw. Bezirksgruppen gesprochen.

[10] In abgewandelter Form findet dies in der aktuellen Forderung nach einem Land „Sachsen-Niederschlesien" Ausdruck. Danach soll der Freistaat Sachsen künftig „Sachsen-Niederschlesien" heißen. Dies geht aus einem offenen Brief der „Unabhängigen Initiativgruppe Niederschlesien", des Kuratoriums „Schlesische Lausitz" und der „Schlesischen Jugend Görlitz" hervor (nach: Berliner Zeitung vom 14. 1. 1992).

[11] Nach Regierungspressedienst der DDR, Nr. 15, v. 14. Mai 1990, S. 3.

[12] Gesetz über die Selbstverwaltung der Gemeinden und Landkreise in der DDR (Kommunalverfassung) vom 17. Mai 1990; dort § 85 (1): „Der Kreistag ist die Vertretung der Bürger und oberstes Willens- und Beschlußorgan des Landkreises."

[13] Dargelegt in einer Broschüre der Gemeinschaftsstelle der Länder für Landes- und Kommunalfragen: „Zu Problemen der territorialen Gestalt der Länder Mecklen-

burg-Vorpommern, Brandenburg, Sachsen, Sachsen-Anhalt und Thüringen in Verwirklichung des Ländereinführungsgesetzes vom 22. Juli 1990 und Empfehlung für die Behandlung von Anliegen auf territoriale Veränderung, die Ländergrenzen berühren", dort S. 3, Berlin, November 1990.

[14] Die Ziffern verweisen auf die Übersicht 15 und die Farbkarte 3.

[15] Nach freundlicher Auskunft des Bürgermeisters vom 18. März 1991.

[16] Mit einem Staatsvertrag zwischen den Ländern Brandenburg und Mecklenburg-Vorpommern wurde am 9. Mai 1992 der Übergang von 23 Gemeinden (mit rd. 15000 Menschen) aus Mecklenburg-Vorpommern (17 in der nördlichen Uckermark, 6 in der Westprignitz) sowie von 2 Gemeinden und 2 Ortsteilen aus Brandenburg (Westprignitz) nach Mecklenburg-Vorpommern (mit ca. 1000 Einwohnern) entsprechend dem Votum von Bürgerbefragungen besiegelt (nach Berliner Zeitung, Nr. 106, vom 7. 5. 1992, S. 5).

[17] Außerdem wurde auch eine thüringische Gemeinde, nämlich Fröbersgrün, dem Bezirk Chemnitz (Karl-Marx-Stadt) zugeteilt. Von Fröbersgrün liegt kein Antrag auf Rückgliederung nach Thüringen vor.

[18] Nach einer Mitteilung der „Allianz für Sachsen" soll die Stadtverordnetenversammlung von Elsterwerda Anfang 1991 die Zugehörigkeit zu Brandenburg mehrheitlich gebilligt haben.

[19] Erneute Bürgerbefragungen führten zu dem Ergebnis, daß von den einst 27 lausitzischen Gemeinden, die nach Brandenburg geschlagen worden waren und zum Freistaat Sachsen wechseln wollten, nur noch die Gemeinde Hohenbocka (Krs. Senftenberg) übriggeblieben ist. Auch dort soll eine erneute Bürgerbefragung durchgeführt werden (vgl. ›Berliner Zeitung‹ vom 16. 12. 1991). Sie hat sich inzwischen (Mitte Juli 1992) für den Freistaat Sachsen entschieden.

[20] Im Amt Neuhaus sieht man das etwas anders; hier wird nach wie vor Lüneburg als zentraler Ort genannt und auch auf Beziehungen zum nahen Hamburg verwiesen.

[21] Nach freundlicher Auskunft der antragstellenden Gemeinden.

[22] Auf das umfangreiche, 1990 durch mehrere Beiträge ergänzte Schrifttum zur Frage der optimalen Größe deutscher Bundesländer wird hier nicht näher eingegangen. Ausgangspunkt aller jüngeren Beiträge ist der Bericht der Sachverständigenkommission (Ernst-Kommission) für die Neugliederung des Bundesgebietes im Jahre 1972, Kurzfassung bearbeitet von R. Timmer: Neugliederung des Bundesgebietes, dort S. 45, Köln 1973. Die „Ernst-Kommission" nennt in ihrem Bericht die Mindesteinwohnerzahl von 5 Mio. (Kurzfassung S. 61).

[23] Unter den neuen Vorschlägen greift nur Frhr. v. Malchus Münchheimers Gliederungsvorschlag auf (Überlegungen und Vorschläge zur Verwaltungsreform und Raumordnung in der DDR, hrsg. v. d. Jakob-Kaiser-Stiftung e. V., Königswinter, März 1990, Reihe: Entwicklung in Deutschland, Manuskripte zur Umgestaltung in der DDR).

[24] Für die bevorstehende Kommunalgebietsreform in den fünf neuen Bundesländern ist Münchheimers Studie allerdings immer noch aktuell; sie sollte nicht übersehen werden.

[25] Günter Habicht: „Neuordnung des föderalen Systems. Sieben starke Bundesländer ...", in: Berliner Rundschau vom 30. 3. 1990, S. 3. Horst Gobrecht: Presse-

erklärung vom 18. April 1990 (Vertretung der Freien und Hansestadt Hamburg beim Bund) „Der neue Bundesstaat braucht starke Länder", nachgedruckt z. T. unter anderen Titeln in: Frankfurter Allgemeine Zeitung, Nr. 91 vom 19. 4. 1990, S. 5; erweiterte Fassungen in: Recht und Politik, Heft 2, 1990 und in: Zeitschrift zur politischen Bildung und Information (Eichholz-Brief) Nr. 4, 1990, S. 77. Eine Zwei-Länder-Lösung wird auch bei Rutz (1990) diskutiert.

[26] „Alte Länder – Neue Länder", in: Aus Politik und Zeitgeschichte, Beilage 27/90 zu: Das Parlament, S. 52, Bonn 1990.

[27] „Die Gliederung der Länder in einem vereinigten Deutschland", in: Wirtschaftsdienst, 70. Jg., Nr. 5, S. 234–239, Hamburg 1990.

[28] „Denkschrift zur Länderneubildung auf dem Gebiet der gegenwärtigen DDR", in: Politische Studien, Heft 313, S. 604–625, München 1990.

[29] Veröffentlicht wurde diese Lösung als Grundvariante B durch K. Scherf u. L. Zaumseil: „Zur politisch-administrativen Neugliederung des Gebiets der DDR ...", in: Raumforschung und Raumordnung, Heft 4/5, 1990, Köln; dort Karten 3 u. 4, S. 237 u. 238.

[30] Mit Ausnahme von Mecklenburg-Vorpommern, das knapp unter 2 Mio. Einwohner hat und deshalb nur drei Sitze im Bundesrat beanspruchen kann, besitzen die anderen vier neuen Länder zwischen 2 und 6 Mio. Einwohner und hätten deshalb vier Sitze zugewiesen erhalten.

[31] Mit dem am 31. August 1990 ratifizierten Einigungsvertrag, dort Art. 4 (3), wurde der Art. 51 (2) GG geändert. Nach der neuen Regelung erhält jedes Land mindestens 3 Stimmen im Bundesrat, Länder mit mehr als 2 Mio. Einwohnern 5 und Länder mit mehr als 7 Mio. Einwohnern 6 Stimmen.

[32] Das ist auch bei der von mehreren Fachleuten vorgeschlagenen Vier-Länder-Lösung der Fall (s. o.).

[33] Auch unabhängig von der sogenannten Fünf-Länder-Lösung „Preußen plus Vier" (vgl. Rutz 1990); bei der Lösung „Preußen plus Vier" hätten alle ehemals preußischen Landesteile zu einem neuen „Bundesland Preußen" zusammengefaßt werden sollen.

[34] Das Land mit dem Doppelnamen entstand 1990 nach dem Muster von 1945; später, 1947 bis 1952, hieß das Land nur „Mecklenburg", weil der Begriff „Pommern" aus außenpolitischen Rücksichten gegenüber Polen und aus ideologischen Gründen vermieden werden sollte. Inwieweit es gegenwärtig oder später zu einer Autonomie von Vorpommern kommen wird, etwa durch die Schaffung von zwei Landschaftsverbänden, ist z. Z. (1992) noch nicht entschieden.

[35] Welcher Länderteil im Namen voranzustellen ist, läßt sich politisch-historisch schwer entscheiden, denn Thüringen kann das höhere Alter in die Waagschale werfen, Sachsen gab dem Gesamtraum den Namen, seit die Wettiner 1423 die sächsische Kur- und Herzogswürde erwarben. Um auf Karten die Zuordnung der beiden Landesteile zu ihren historischen Namen zu ermöglichen, könnte das Land nur Thüringen-Sachsen genannt werden. Thüringen liegt im Westen, Sachsen im Osten, bei genordeten Karten also Thüringen links und Sachsen rechts. Die in Europa verbreitete lateinische Schrift wird von links nach rechts gelesen; dadurch können Karten nur dann unmißverständlich beschriftet werden, wenn im Namenszug „Thüringen" links und „Sachsen" rechts stehen darf.

³⁶ Bericht der Sachverständigen-Kommission (Ernst-Kommission), Kurzfassung, S. 63 (vgl. Fn. 22).

³⁷ Auch in der Regierungskommission unter Modrow und de Maizière war an die Zuteilung des Bezirks Cottbus nach Sachsen gedacht worden. Vgl. dazu den Artikel von Scherf und Zaumseil (1990), dort Karte 2, Teilregion 3 und Karten 4 u. 5, Bezirk Cottbus.

³⁸ Neben der raumordnungspolitischen Begründung dafür, die vorstehend angeführt wurde, vgl. auch die historisch-landsmannschaftlichen Gründe, die im Abschnitt 6.3 genannt sind.

³⁹ Vgl. dazu auch Karte A 9.1: „Die Regionen der Europäischen Gemeinschaft", in: Raumordnungsbericht 1991 der Bundesrepublik Deutschland, hrsg. vom Bundesminister für Raumordnung, Bauwesen und Städtebau, Drucksache des Bundestages 12/1098 vom 30. 8. 1991.

Literatur und Quellen

Atlas des Saale- und mittleren Elbegebietes. 2., völlig neu bearb. Aufl. des Werkes Mitteldeutscher Heimatatlas. Hrsg. von Otto Schlüter und Oskar August. Leipzig: Verlag Enzyklopädie 1959. Erläuterungsheft, T. 1. Darin: Territorien um 1500, S. 50–51 (zur Kt. 18); Fritz Koerner, Territorialentwicklung Thüringens. Um 1350, um 1540, S. 51–52 (zur Kt. 19); ders., Thüringen um 1680, S. 52 (zur Kt. 20); Johannes Wütschke, Territorialentwicklung von Anhalt, S. 52–54 (zur Kt. 20); Berent Schwineköper, Politische Verhältnisse der ehemaligen Provinz Sachsen zu Beginn des 19. Jahrhunderts, S. 54–55 (zur Kt. 21); ders., Staatliche Gliederung um 1930 und gegenwärtig (Prov. Sachsen und Thüringen), S. 55–56 (zur Kt. 22).

Bergemann, Hellmuth, Lawinsky, Heinrich, Marx, Detlef und Joachim Masuhr: Probleme von Raumordnung, Umwelt und Wirtschaftsentwicklung in den neuen Bundesländern. Hannover: Verlag der ARL (Akademie für Raumforschung und Landesplanung) 1991.

Berghaus, Heinrich: Deutschland seit hundert Jahren. Geschichte der Gebiets-Eintheilung und der politischen Verfassung des Vaterlandes. Abt. I, 2 Bde.; Abt. II, 3 Bde. Leipzig: Voigt & Günther 1859–1862.

Berlin und die Provinz Brandenburg im 19. und 20. Jahrhundert. Hrsg. von Hans Herzfeld unter Mitwirkung von Gerd Heinrich. Veröffentlichungen der Historischen Kommission zu Berlin beim Friedrich-Meinecke-Institut der Freien Universität Berlin 25; Geschichte von Brandenburg und Berlin 3. Berlin: Walter de Gruyter & Co. 1968.

Berlin und sein Umland. Eine geographische Monographie. Hrsg. von Alfred Zimm. Petermanns Geographische Mitteilungen, Erg.-Bd. 286. Gotha: Hermann Haack 1989.

Blaschke, Karlheinz: Die Ausbreitung des Staates in Sachsen und der Ausbau seiner räumlichen Verwaltungsbezirke. In: Blätter für deutsche Landesgeschichte 91, 1954, S. 74–109, Koblenz.

–: Raumordnung und Grenzbildung in der sächsischen Geschichte. In: Grenzbildende Faktoren in der Geschichte. Forschungs- und Sitzungsberichte der Akademie für Raumforschung und Landesplanung 48; Historische Raumforschung 7. Hannover: Gebr. Jänecke Verlag 1969, S. 87–112.

–: Alte Länder – Neue Länder. Zur territorialen Neugliederung der DDR. In: Aus Politik und Zeitgeschichte, Beilage zu: Das Parlament, 1990, Nr. 27, S. 39–54, Bonn.

–: Das Werden der neuen Bundesländer. In: Auf dem Wege zur Realisierung der Einheit Deutschlands. Hrsg. von Fischer, Alexander und Maria Haendcke-Hoppe. Gesellschaft für Deutschlandforschung E. V. 1991. Berlin.

Brather, Hans-Stephan: Die ernestinischen Landesteilungen des 16. und 17. Jahrhunderts. Ein Beitrag zur Geschichte des Territorialstaates in Mitteldeutschland. Phil. Diss., Universität Jena 1951.

Die Ergebnisse der Volkszählung und Volksbeschreibung im Preußischen Staate vom 1. December 1871. Berlin: Kgl. Statistisches Bureau 1875. Preußische Statistik 30.

Flach, Willy: Die staatliche Entwicklung Thüringens in der Neuzeit. In: Ztschr. des Vereins für Thüringische Geschichte und Altertumskunde 43, N.F. 35, 1941, S. 6–48, Jena.

Das Gebiet an der unteren Unstrut. Ergebnisse der heimatkundlichen Bestandsaufnahme in den Gebieten Wiehe, Nebra und Freyburg. Autorenkollektiv unter Ltg. von Hans Kugler und Werner Schmidt. Werte unserer Heimat 46. Berlin: Akademie-Verlag 1988.

Geschichte Berlins von den Anfängen bis 1945. Von einem Autorenkollektiv unter Ltg. von Ingo Materna. Berlin: Dietz Verlag 1987.

Geschichte der deutschen Länder. „Territorien-Ploetz". Bd. 1: Die Territorien bis zum Ende des alten Reiches. Bd. 2: Die deutschen Länder vom Wiener Kongreß bis zur Gegenwart. Hrsg. von Georg Wilhelm Sante und A. G. Ploetz-Verlag. Würzburg: A. G. Ploetz-Verlag 1964, 1971.

Geschichte Sachsens. Hrsg. von Karl Czok. Weimar: Hermann Böhlaus Nachf. 1989.

Geschichte Thüringens. Hrsg. von Patze, Hans und Walter Schlesinger. 6 Bde. Mitteldeutsche Forschungen 48. Köln, Graz bzw. Wien: Böhlau Verlag 1968. 1974 u. 1973, 1967, 1972, 1982 u. 1978, 1979.

Gesetz über die Selbstverwaltung der Gemeinden und Landkreise in der DDR (Kommunalverfassung) vom 17. Mai 1990. Berlin, Staatsverlag 1990.

Gobrecht, Horst: Presseerklärung vom 18. April 1990 (Vertretung der Freien und Hansestadt Hamburg beim Bund). Der neue Bundesstaat braucht starke Länder. Nachgedruckt z. T. unter anderen Titeln in: Frankfurter Allgemeine Zeitung, Nr. 91 vom 19. 4. 1990, S. 5; erweiterte Fassung in: Zeitschrift zur politischen Bildung und Information (Eichholz-Brief), 1990, Nr. 4, S. 77.

Großstadtregionen in Deutschland vor dem Hintergrund europäischer Entwicklungen. Ergebnisse eines gemeinsamen Arbeitskreises der Akademie für Raumforschung und Landesplanung und der Deutschen Akademie für Städtebau und Landesplanung: Hannover: Verlag der ARL 1991.

Grundriß der deutschen Verwaltungsgeschichte 1815–1945. Reihe A. Preußen. Hrsg. von Walter Hubatsch. Bd. 3: Pommern, bearb. von Dieter Stüttgen. Bd. 5: Prov. Brandenburg, bearb. von Werner Vogel. Bd. 6: Provinz Sachsen, bearb. von Thomas Klein; Reihe B, Mitteldeutschland. Hrsg. von Thomas Klein. Bd. 13: Mecklenburg, bearb. von Helge Bei der Wieden. Bd. 14: Sachsen, bearb. von Thomas Klein. Bd. 15: Thüringen, bearb. von dems. Bd. 16: Kleinere Länder, bearb. von dems. Marburg/Lahn: Johann-Gottfried-Herder-Institut 1975. 1975. 1975. 1976. 1982. 1983. 1981.

Habicht, Günter: Neuordnung des föderalen Systems. Sieben starke Bundesländer. In: Berliner Rundschau vom 30. 3. 1990, S. 3.

Hamann, Manfred: Das staatliche Werden Mecklenburgs. Mitteldeutsche Forschungen 24. Köln, Graz: Böhlau Verlag 1962.

–: Mecklenburgische Geschichte. Von den Anfängen bis zur Landständischen Union von 1523. Auf der Grundlage von Hans Witte neu bearbeitet. Mitteldeutsche Forschungen 51. Köln, Graz: Böhlau Verlag 1968.

Hansmeyer, K.-H. und Knops, M.: Die Gliederung der Länder in einem vereinigten Deutschland. In: Wirtschaftsdienst, 70. Jg., 1990, Nr. 5, S. 234–239, Hamburg.

Heineberg, Heinz: Die Einmaligkeit von vier Wahlen in den neuen Bundesländern 1990 – Grundlage für vergleichende geographische Wahlanalysen? In: Die Erde, Zeitschrift der Gesellschaft für Erdkunde zu Berlin, 122 (1991), S. 55–73.

Historische Landeskunde Mitteldeutschlands. Hrsg. von der Stiftung Mitteldeutscher Kulturrat Bonn durch Hermann Heckmann. Brandenburg. 1. Aufl.; Mecklenburg-Vorpommern. 2. Aufl.; Sachsen. Sachsen-Anhalt. Thüringen. 3. Aufl. Würzburg: Weidlich 1988, 1991.

Historischer Atlas von Mecklenburg. Hrsg. von Franz Engel, fortgesetzt von Roderich Schmidt. Darin: Grundkarte des 18. Jahrhunderts (Kt. 1); Ämterkarte und Besitzstandskarte von 1797 (Kt. 2/3). Köln, Graz: Böhlau Verlag 1960 ff.

Historischer Atlas von Pommern. N. F. Hrsg. von Franz Engel. Veröffentlichungen der Historischen Kommission für Pommern. Darin: Karte der Landesteilungen des 16. Jahrhunderts (Kt. 5). Köln, Graz: Böhlau Verlag 1964.

Historischer Handatlas von Brandenburg und Berlin. Hrsg. von der Arbeitsgemeinschaft Historischer Handatlas. Veröffentlichungen der Historischen Kommission zu Berlin beim Friedrich-Meinecke-Institut der Freien Universität Berlin. Darin: Gerd Heinrich (Bearb.), Verwaltungsgliederung 1815–1945 (Lfg. 24); ders. (Bearb.), Verwaltungsgliederung 1608–1806 (Lfg. 26); ders. (Bearb.), Die Mark Brandenburg 1319–1575, territoriale Entwicklung (Lfg. 36); ders. (Bearb.), Die Mark Brandenburg 1257–1319, Landesteilung und territorialer Besitzstand (Lfg. 54). Berlin, New York: Walter de Gruyter 1962–1978.

Hoppe, Willy: Die Mark Brandenburg, Wettin und Magdeburg. Ausgewählte Aufsätze. Hrsg. von Herbert Ludat. Köln, Graz: Böhlau Verlag 1965.

Informationen zur politischen Bildung, Nr. 230. Hrsg. von der Bundeszentrale für politische Bildung, Bonn. Darin geschichtliche Abrisse: Wilfried Forstmann, Mecklenburg-Vorpommern, S. 2–5; ders., Brandenburg, S. 8–11; ders., Sachsen-Anhalt, S. 13–16; Horst Pötzsch, Thüringen, S. 19, 21–23; ders., Sachsen, S. 26–28. München: Franzis-Verlag 1991.

Kirchhoff, Alfred: Die territoriale Zusammensetzung der Provinz Sachsen. In: Mitt. des Vereins für Erdkunde zu Halle a. S., zugleich Mitt. des Sächsisch-Thüringischen Vereins für Erdkunde zu Halle. Halle (Saale) 1891, S. 1–18.

Kohl, Willy: Die Verwaltung der östlichen Departements des Königreichs Westphalen 1807–1814. Historische Studien 323. Berlin: Ebering 1937.

Köbler, Gerhard: Historisches Lexikon der deutschen Länder. Die deutschen Territorien vom Mittelalter bis zur Gegenwart. 2., verb. Aufl. München: C. H. Beck 1989.

Kötzschke, Rudolf und Hellmut Kretzschmar: Sächsische Geschichte. Werden und Wandlungen eines deutschen Stammes und seiner Heimat in der deutschen Geschichte. 2 Bde. Dresden: Heinrich 1935 (Neudruck: Frankfurt a. M.: Weidlich 1965).

Lambrecht, A.: Das Herzogthum Braunschweig. Geographisch, geschichtlich und statistisch dargestellt zum Gebrauch für Haus und Schule. Wolfenbüttel: Commissionsverlag von Albert Stichtenoth 1863.

Lehmann, Rudolf: Geschichte der Niederlausitz. Veröffentlichungen der Historischen Kommission zu Berlin beim Friedrich-Meinecke-Institut der Freien Universität Berlin 5. Berlin: Walter de Gruyter & Co. 1963.

Lüdemann, Heinz, u. a. (Hrsg.): Stadt und Umland in der DDR. Gotha, Leipzig: Verlag Hermann Haack 1979.

Malchus, Viktor Freiherr von: Überlegungen und Vorschläge zur Verwaltungs- und Raumordnung in der DDR. Hrsg. Jakob-Kaiser-Stiftung e. V. In: Reihe Entwicklung in Deutschland, Manuskripte zur Umgestaltung in der DDR. Königswinter, März 1990.

Meyers Großes Konversations-Lexikon. 6., gänzlich neubearb. u. verm. Aufl., 20 Bde. u. 2 Erg.-Bde. Leipzig, Wien: Bibliographisches Institut 1907–1910.

Mottek, Hans: Wirtschaftsgeschichte Deutschlands. Ein Grundriß. Bd. 2: Von der Zeit der Französischen Revolution bis zur Zeit der Bismarckschen Reichsgründung. Berlin: Deutscher Verlag der Wissenschaften 1964.

Münchheimer, Werner: Die Neugliederung Mitteldeutschlands bei der Wiedervereinigung. Göttingen 1954.

Ökonomische und soziale Geographie der DDR. Gotha: Verlag Hermann Haack, 1990.

Postlep, Rolf-Dieter: Einigungsbedingte Belastungen des Bundes, der alten Bundesländer und ihrer Gemeinden. In: Wirtschaftsdienst, 72. Jg., 1992, H. 1, S. 37–42. Hamburg.

Politisch-administrative Territorialgliederung der DDR. Gebietsstand: 10. Juli 1952. Karte. In: Statistische Praxis der DDR, Berlin 1952, H. 7, Rückendeckel.

Zu Problemen der territorialen Gestalt der Länder Mecklenburg-Vorpommern, Brandenburg, Sachsen, Sachsen-Anhalt und Thüringen in Verwirklichung des Ländereinführungsgesetzes vom 22. Juli 1990 und Empfehlung für die Behandlung von Anliegen auf territoriale Veränderungen, die Ländergrenzen berühren. Broschüre. Hrsg. Gemeinschaftsstelle der Länder für Landes- und Kommunalfragen. Berlin 1990.

F. W. Putzgers Historischer Schul-Atlas. 50., Jubiläums-Aufl. Bearb. und hrsg. von Max Pehle u. Hans Silberborth. Bielefeld, Leipzig: Velhagen & Klasing 1931.

Regierungspressedienst der DDR, Nr. 15 vom 14. Mai 1990.

Die Regionen der Europäischen Gemeinschaft, Karte 9.1. In: Raumordnungsbericht 1991 der Bundesrepublik Deutschland. Hrsg. vom Bundesminister für Raumordnung, Bauwesen und Städtebau. Drucksache des Bundestages 12/1098 vom 30. 8. 1991. Bonn-Bad Godesberg 1991.

Richter, Hans: Beziehungen zwischen der Flächennutzung und der naturräumlichen Ausstattung der DDR. In: Geographische Berichte, Jg. 21, 1976, H. 1, S. 15–29. Gotha, Leipzig: Verlag Hermann Haack.

–: Die inhaltliche Konzeption der Karte „Flächennutzung und naturräumliche Ausstattung" 1 : 750000 im „Atlas DDR". In: Petermanns Geographische Mitteilungen, Jg. 125, 1981, S. 207–212. Gotha, Leipzig: Verlag Hermann Haack.

Rutz, Werner: Grundeinstellungen zur Abgrenzung von Planungs- oder Verwaltungsregionen, dargestellt am Beispiel der Region des Großraums Nürnberg. In: Tagungsbericht und wiss. Abhandl. Deutscher Geographentag Erlangen-Nürnberg,

1.–4. Juni 1971, S. 148–155, 10 Karten. Hrsg. von Peter Schöller und Herbert Liedtke. Wiesbaden: Franz Steiner Verlag GmbH 1972.

–: Denkschrift zur Länderneubildung auf dem Gebiet der gegenwärtigen DDR. in: Politische Studien, H. 313, 1990, S. 604–625. München.

–: Die Wiedererrichtung der östlichen Bundesländer. Kritische Bemerkungen zu ihrem Zuschnitt. In: Raumforschung und Raumordnung, 49. Jg., Köln 1991, H. 5, S. 279–286. Hrsg. Bundesforschungsanstalt für Landeskunde und Raumordnung, Bonn-Bad Godesberg, Akademie für Raumforschung und Landesplanung, Hannover. Hannover 1991.

Scherf, Konrad: Ökonomisch- und sozialgeographische Strukturwandlungen in der DDR – gesetzmäßige Tendenzen und Faktoren. In: Petermanns Geographische Mitteilungen, Jg. 133, 1989, H. 3, S. 153–166. Gotha: Verlag Hermann Haack.

– und Lutz Zaumseil: Zur politisch-administrativen Neugliederung des Gebiets der DDR. In: Raumforschung und Raumordnung, 48. Jg., 1990, H. 4/5, S. 231–240. Köln.

Scholz, Dieter und Christa Guhra: Wirtschaftsräumliche Struktureinheiten mittlerer Ordnung in der DDR. In: Fortschritte in der geographischen Kartographie. Hrsg. von Hans Richter u. a. Wissenschaftliche Abhandlungen der Geographischen Gesellschaft der DDR, Bd. 18, S. 176–182. Gotha: Verlag Hermann Haack 1985.

Schultze, Johannes: Von der Mark Brandenburg zum Großstaat Preußen. In: Blätter für deutsche Landesgeschichte 99, S. 153–171. Wiesbaden 1963.

–: Die Mark Brandenburg. 2. Aufl. Berlin: Duncker & Humblot 1989.

Schumann, August: Vollständiges Staats-, Post- und Zeitungslexikon von Sachsen ... Zwickau: Gebr. Schumann 1815.

Statistische Jahrbücher der Bundesrepublik Deutschland. Wiesbaden 1957ff. (bis 1991).

Statistische Jahrbücher der DDR. Berlin 1956ff. (bis 1990).

Statistik Thüringens. Mittheilungen des Statistischen Bureaus vereinigter Thüringischer Staaten. Bd. 1, Erste Lieferung. Hrsg. von Bruno Hildebrand. Jena: Friedrich Frommann 1866.

Statistik des zollvereinten und nördlichen Deutschlands. Erster Theil: Landeskunde. Hrsg. von Georg v. Viebahn. Berlin: Georg Reimer 1858.

Statistisches Handbuch für das Land Thüringen. Ausgabe 1922. Hrsg. vom Thüringischen Statistischen Landesamt. Weimar: Gustav Fischer in Jena (Komm.) 1922.

Stein, Christian Gottfried Daniel: Handbuch der Geographie und Statistik der teutschen Bundesstaaten, ... 6., verm. u. verb. Aufl., nach den neueren Ansichten bearb. von Ferdinand Hörschelmann. Leipzig: J. C. Hinrichsche Buchhandlung 1834.

Das tausendjährige Nordhausen. Zur Jahrtausendfeier. Hrsg. vom Magistrat. 2 Bde. Nordhausen: Selbstverlag 1927.

Territoriale Struktur der DDR im Vergleich der Jahre 1950 und 1989, Teil I, SZS, Zentrales Zählbüro. Berlin 1990.

Thüringen-Atlas der Reichsarbeitsgemeinschaft für Raumforschung. Gotha: Justus Perthes 1942. Darin: Willy Flach (Bearb.): Politische Entwicklung Thüringens bis 1919 (Kt. 7); Oskar Stollt (Bearb.): Politisch-topographische Verhältnisse 1940 (Kt. 8).

Thüringer Wald. Thüringisches Schiefergebirge. Brockhaus Reisehandbuch. Leipzig: F. A. Brockhaus Verlag 1975.

Thürmer, Robert: Probabilistische Regionierung am Beispiel von Siedlungsweise und Wirtschaftsfunktion der Kreise der DDR. Bd. 18. Hrsg. von Hans Richter u. a. In: Fortschritte in der geographischen Kartographie. Wissenschaftliche Abhandlungen der Geographischen Gesellschaft der DDR. Gotha: Verlag Hermann Haack 1985, S. 183–191.

Timmer, R.: Neugliederung des Bundesgebietes (Kurzfassung der Sachverständigenkommission – Ernst-Kommission – für die Neugliederung des Bundesgebietes im Jahre 1972). Köln 1973.

Uhlhorn, Friedrich und Walter Schlesinger: Die deutschen Territorien. In: Bruno Gebhardt: Handbuch der deutschen Geschichte, Bd. 2. 9., neu bearb. Aufl. S. 546–789. Hrsg. von Herbert Grundmann. Stuttgart: Union Verlag 1970. Auch: dtv. Wiss. Reihe 4213.

Die Versuche zur Neugestaltung der deutschen Länder von 1919 bis 1945. Eine Übersicht. Zsgst. von Werner Münchheimer. In: Die Bundesländer. Beiträge zur Neugliederung der Bundesrepublik. Wiss. Schriftenreihe des Instituts zur Förderung öffentlicher Angelegenheiten e. V. 9. Frankfurt a. M.: Institut zur Förderung öffentlicher Angelegenheiten 1950, S. 117–169.

Vogler, Günter und Klaus Vetter: Preußen. Von den Anfängen bis zur Reichsgründung. 2., durchgesehene Aufl. Berlin: Deutscher Verlag der Wissenschaften 1973.

Volkszählung. Die Bevölkerung des Deutschen Reichs nach den Ergebnissen der Volkszählung 1939. Bearb. im Statistischen Reichsamt. Statistik des Deutschen Reichs (StDR) 552,1 (Volks-, Berufs- und Betriebszählung vom 17. Mai 1939). Berlin: Verlag für Sozialpolitik, Wirtschaft und Statistik, Paul Schmidt 1943.

Westermann: Großer Atlas zur Weltgeschichte. 8. Aufl. Hrsg. von Hans-Erich Stier (u. a.). Braunschweig: Georg Westermann Verlag 1972.

Wirtschaftsterritorium Deutsche Demokratische Republik. Hrsg. G. Schmidt-Renner. Berlin: Verlag Die Wirtschaft 1958 und 1960 (1. u. 2. Aufl.).

Die Zukunft des kooperativen Föderalismus in Deutschland. In: Berichte und Studien der Hanns-Seidel-Stiftung, Bd. 63. München 1991.

Register

Albertiner, Dyn. 6f. 9. 13f. 31f.
Alliierter Kontrollrat 41. 44. 48
Allstedt, thür. Exklave 36. 48. 106
Altenburg, Burggft. 8; Kr. (hist.) 36.
  53. 59; Kr. 89f. 93–95. 97. 101. 118.
  120. 128f.
Altentreptow, Kr. 65. 93
Altmark, Ldsch. 6f. 15–21. 37. 41. 64.
  68. 86. 111f. 123. 125. 128. 134 (vgl.
  Nordmark)
Altsiedelgebiet 3f.
Amt, Ämter 109
Angermünde, Kr. 93. 104
Anhalt 4. 119; Fsm.r 6f. 10f. 16–18;
  Hzm.r 25. 40; Land 26. 40f. 47f. 121.
  125; Land (Vorschlag) 123–125
Apolda, Kr. 93. 101. 120
Artern, Kr. 65. 89f. 93–95. 97. 101. 118.
  120
Aschersleben, Gft. 16f.; Kr. 90. 93
Askanier, Dyn. 16–19. 21. 23

Baden-Württemberg, Bundesland 52.
  110. 131–133. 135
Barby, Gft. 11; – u. Gommern, sächs.
  Exklaven 17. 37
Barnim, Ldsch. 19f.; Nieder-, Kr.
  (hist.) 4. 42f. 51. 53; Ober-, Kr. (hist.)
  43. 51. 53
Baruth, Herrsch. 9; – u. Herrsch. Sonnewalde 41
Bärwalde, Ländchen
  20
Bautzen, Land 5. 19 (vgl. Oberlausitz)
Bayern 36. 50. 107; Bundesland 49. 51f.
  79. 108. 110. 132f. 135; Kgr. 25. 38;

Land 26. 34f.; -Franken, Land (Vorschlag) 133. 135
Beeskow u. Storkow, Herrsch.n 6–8. 20
Belzig, Kr. 65. 93. 100. 120
Berlin 49. 53. 88. 112. 134. 137; Bundesland 4. 50. 108–110. 132. 136; Ort 4.
  42–44. 47f. 60. 81; Prov. 26. 43. 47;
  Regbz. 42; Sektorenstadt m. Viermächtestatus 44. 47–49; -Ost, Bez.
  57–59. 61. 68. 71–77. 80. 86f. 93. 108;
  Ort 50. 56f. 108; -Brandenburg, Land
  (Vorschlag) 89f. 136f.
Besatzungszonen 47. 49f. 79; amerikanische – 36. 48. 52. 107; britische – 36.
  48; französische – 52; sowjetische – /
  SBZ/DDR 3. 28. 47–52. 55f. 80. 106.
  131; westliche – / BRD 50–52. 55
Bezirksauflösung 80; -gliederung 50.
  56–78; -gruppen, regionale 65. 68–70.
  84. 92. 94. 96–98. 116. 118; -städte 59–
  63. 65
Bitterfeld, Kr. (hist.) 39. 53. 59
Blankenburg, braunschw. Exklave 48.
  106f.; Gft. 6f.
Blankenhain u. Kranichfeld, Herrsch.n
  16. 29. 31. 38
Blockparteien 55–57
Bobersberg (vgl. Schlesien)
Böhmen, Kgr. 6–10. 19f. 25. 27. 121
Borna, Kr. 93. 101. 120
Bornhöved, Schlacht bei 21
Brandenburg 19. 65. 68. 121. 125. 128f.;
  Bundesland 3. 92. 94–96. 98–100.
  102–106. 108–112. 119f. 132. 136f. 140;
  Kfsm. 6f. 10f. 16. 20. 22f. 41. 126;
  Land 44. 48–54. 59f. 62. 68. 71. 78. 82.

Brandenburg (Forts.)
85–87. 103f. 116. 118. 120; Land (Vorschlag) 88. 91. 94. 117. 122. 124–127. 129. 134f.; Mgft. 4. 8. 18–21. 23; Prov. 4. 18f. 25f. 38. 41–45. 47f. 104. 121. 128; -Mecklenburg, Land (Vorschlag) 117. 122. 127; -Pommern, Land (Vorschlag) 115. 122. 133
Brandenburg, Kr. 93. 100. 120
Brandenburg-Preußen, Terr. 10–12. 16f. 23
Brand-Erbisdorf, Kr. 65. 93
Braunschweig 37. 48. 106; Hzm. 10f. 25; Land 26
Brehna, Gft. 5. 8
Bremen, Bundesland 49. 110. 132. 135. 137
Burg, Kr. (hist.) 39. 53. 59
Bürgerbefragungen 94

Calau, Kr. 65. 93
Calvörde, braunschw. Exklave 37. 48
Camburg u. Eilenburg, wett. Hausgüter 5
Chemnitz, Bez. 58f. 62–64. 68. 71–78. 87. 92f. 95. 116. 140; Regbz. 29
Christianisierung 3. 12. 18
Coburg, Pflege 13
Cottbus, Bez. 58f. 62f. 68. 71–77. 84. 86f. 92f. 95f. 98. 100. 116. 129. 142
Cottbus, brandenb. Exklave 6f. 12. 20. 41; Kr. 67. 93; – u. Peitz, Herrsch.n 9. 20
Crossen (vgl. Schlesien)

Daleminzier (vgl. Slawen)
Dänemark, Dänen 21f. 45
Dannenberg, Gft. 21f.
Delitzsch, Kr. (hist.) 39. 53. 59; Kr. 93f. 97. 101f. 118. 120
Demarkationslinie 36. 46. 48. 104
Deutscher Bund 24. 31. 40. 44
Deutscher (Preußischer) Zollverein 28. 34. 40. 44
Dippoldiswalde, Kr. 65. 93
Dresden, Bez. 58. 59. 62f. 68. 71–78.

84. 87. 92f. 95. 116; Land 5; -Bautzen, Regbz. 29

Eger, Vertrag von 8
Eichsfeld, Ldsch. 6f. 10f. 15f. 31. 36. 38. 79
Eilenburg, Kr. 93f. 97. 101f. 118. 120 (vgl. Camburg)
Einigungsvertrag 109
Eisenberg, Kr. 93. 101. 120
Eisenhüttenstadt, Kr. 64. 93
Elbingerode, Amt 39
Erfurt, Bez. 58f. 62f. 68. 72–78. 87. 92f. 95. 116; Regbz. 25f. 36. 38–41
Erfurt 6f. 10f. 15; Kr. 67. 93
Ernestiner, Dyn. 6f. 9. 13f. 27. 31f. 34
Ernestinische Erbteilung 14
Ernst-Kommission 115. 127. 131. 134
Erzgebirgischer Kreis, Verw.-Gebiet 27
Europa der Regionen 137f.

Flächennutzung 69. 72f.
Föderalismus, föderale Strukturen, föderaler Staatsaufbau 47. 55. 57. 79–81. 131–133
Frankfurt/Oder, Bez. 58f. 62f. 68. 71–77. 87. 92f. 95. 108. 116; Regbz. 25f. 42–44
Frankfurt/Oder, Kr. (hist.) 43f.; Kr. 65. 93
Fulda, Abtei 6f.; Bm. 10f. 31

Gadebusch, Kr. 65. 93
Gefälle, Süd-Nord- 69. 80. 110; West-Ost- 111. 132–134
Gegenstromprinzip 56
Geithain, Kr. 65. 93. 102. 120
Genthin, Kr. (hist.) 53. 59
Gera, Bez. 58f. 62f. 68. 71–77. 87. 92f. 95. 105. 116
Gera, Kr. 93. 101. 120
Germanen 12. 18. 21
Gliederung, naturräumliche 69. 71; sozialräumliche – 69. 75; wirtschaftsräumliche – 69. 74
Glogauer Erbfolgestreit 20

Register

Grabow, Herrsch. 19. 21
Gransee, Kr. 65. 93
Greifswald, Kr. 64. 93
Greiz, Kr. (hist.) 36. 53. 59; Kr. 101. 105. 120
Grenzmark Posen-Westpreußen, Regbz. 26. 44
Grenzmarken 3f. 12. 18. 21. 119
Grenzveränderungen 105–108
Grimnitz, Vertrag von 23
Groitzsch, Gft. 5
Großenhain, Kr. 93. 100. 120
Grundgesetz 55; Artikel (23) 81. 108; Artikel (29) 84. 107. 114. 127. 131; Artikel (51) 119. 132

Habsburgische Länder – Gebiete 6f. 10f. (vgl. Böhmen, Österreich)
Halberstadt 107; Bm. 6f. 16f. 126; Fsm. 37
Halle, Bez. 58f. 62f. 69. 72–78. 84. 87. 92–95. 97. 116; -Leipzig, Ballungsgebiet 86. 130; -Merseburg, Prov. 40f. 47f.
Halle, Kr. 64. 93; -Neustadt, Kr. 64. 93
Hamburg, Bundesland 49. 88. 110. 132. 135. 137; Ort 26. 43. 45; Vertrag von – 22
Hannover 37. 106. 140; Kfsm. 10f. 17; Kgr. 25. 29. 38; Prov. 26. 39. 46
Havelberg, Kr. 65. 93. 100. 120
Havelland, Ldsch. 18. 20; Ost-, Kr. (hist.) 4. 42f. 51. 53; West-, Kr. (hist.) 43. 51. 53
Heldrungen, Amt 38
Henneberg, Gft. 6f. 9. 13. 33; -Schleusingen, Gft. 27. 31. 38; -Schmalkalden, Gft. 13. 15. 31. 33
Herzberg, Kr. (hist.) 53. 59; Kr. 89. 94. 96. 100. 102. 118. 120
Hessen 13. 36. 135; Bundesland 49. 52. 79. 107. 110. 132f. 135; Kfsm. 25. 33; Ldgft. 6f.; -Kassel, Ldgft. 10f. 15. 31; -Nassau, Prov. 26. 33. 40; -Thüringen, Land (Vorschlag) 134
Hohenmölsen, Kr. 65. 93

Hohenstein, Gft. 6f. 15–17. 29. 32. 38. 39; Kr. (hist.) 36. 39
Hohenzollern, Dyn. 16. 20
Hoyerswerda, Herrsch. 41; Kr. (hist.) 28. 53. 59; Kr. 89f. 94–96. 100. 102. 118. 120
Hubertusburg, Frieden von 12

Identität, historisch-kulturelle 81. 85; landsmannschaftliche – 50. 57. 79. 81f. 119–127. 129; regionale – 50. 57. 79
Ilfeld, Kr. (hist.) 39

Jena u. Auerstedt, Schlacht bei 12. 17
Jerichow, Ldsch. 103
Jessen, Kr. 65. 89. 93–96. 118
Johanngeorgenstadt, Kr. (hist.) 58. 64
Jüterbog 11; Kr. 93. 100. 120

Kalbe/Milde, Kr. (hist.) 58. 64
Kalisch, Vertrag von 24
Karl-Marx-Stadt (vgl. Chemnitz)
Karolingerreich 3f. 12. 18
Kassel, Regbz. 33
Klötze, Amt 37; Kr. 65. 93
Kölleda, Kr. (hist.) 53. 59
Königgrätz, Schlacht bei 28
Königsteiner Kreis 115
Köslin, Regbz. 25f. 45
Kranichfeld (vgl. Blankenhain)
Kreis, Kreise 59. 67–78. 94; -einteilung, -gebietsreform 94. 102. 109; -gliederung 51–53. 58. 60. 64; -städte 65; -typen, funktionale 76–78
Kur(Wittenbergischer)kreis, Verw.-Gebiet 16. 27. 38. 41

Länderauflösung 55–57; -einführung 80f.; -einführungsgesetz 79. 94. 99–108. 119–121; -gliederung 49. 52f. 69. 82–92. 122–125. 134f.; -zuschnitt 94. 113
Landeshauptstädte 48. 109
Landesplanung u. Raumordnung 127–130
Landsberg, Mark 5. 8. 19
Langensalza, Kr. 65. 93

Lauenburg, Hzm. 6f. 10f. 25. 45
Lausitz, Land (Vorschlag) 83f. 123–126.
    129; Ldsch. 50. 86. 111. 119. 121. 123.
    129; Nieder-, Ldsch. 27. 41. 121. 123;
    Mgft. 5–10. 12. 19f.; Ober-, Ldsch. 27.
    28. 41. 99. 103f. 121. 123; Mgft. 5–7.
    10–12. 19
Lebus, Bm. 20; Ldsch. 19f.
Leipzig, Bez. 58f. 61–63. 68. 72–78. 87.
    92f. 95. 97. 101. 116. 129; Regbz. 29
Leipzig, Kr. 67. 93. 101. 120; Ort,
    Schlacht bei 24. 29. 36
Leipziger Kreis, Verw.-Gebiet 27. 38
Leipziger Teilung 9. 126
Liebenwerda, Kr. (hist.) 39. 53. 59; Kr.
    89. 94–96. 98. 100. 105f. 118. 120. 128
Liegnitz, Regbz. 25f. 48
Liudolfinger, Dyn. 12
Lobenstein, Kr. 65. 93
Lucka, Schlacht bei 8
Luckenwalde, Kr. (hist.) 37
Ludowinger, Dyn. 5. 12f.
Ludwigslust, Kr. 93. 99f. 103. 120
Lüneburg, Regbz. 26. 48
Lunéville, Vertrag von 16
Luxemburger, Dyn. 19
Lychen, Land 20–22

Magdeburg 134; Bez. 58f. 62f. 71–78.
    84. 86f. 92–95. 103. 116; Erzbm. 5. 11.
    16. 19f. 126; Hzm. 37f.; Land (Vorschlag) 123–126; Prov. 40f. 47f.;
    Regbz. 25f. 37. 39f.; -Anhalt, NS-Gau 40
Magdeburger Börde, Ldsch. 111
Mainz, Erzbm. 6f. 10f. 15f.
Makro- u. Mesoregionen 69. 71. 75. 78
Mansfeld, Gft. 6f. 11. 16f. 38
Marienberg, Kr. 65. 93
Mecklenburg 19–22. 41. 44. 60. 81. 91.
    107. 119. 121. 127; Herrsch. 21f.; Hzm.
    6f.; Land 26. 45–54. 57. 68. 82. 103.
    106. 116. 120; Land (Vorschlag) 83.
    117f. 124–126. 134f.; -Brandenburg,
    Land (Vorschlag) 88. 122; -Güstrow,
    Hzm. 22; -Schwerin, Ghzm. 25. 44;

Hzm. 10f. 22; -Stargard, Hzm. 22;
    -Strelitz, Ghzm. 25. 44; Hzm. 10f. 22;
    -Vorpommern, Bundesland 3. 87. 89.
    92. 94–96. 99f. 104. 107–112. 116. 120.
    122. 132. 140f.; Land 23. 46–48. 50f.
    65. 68. 71; Land (Vorschlag) 82. 85–
    87. 89f. 122. 126f. 129. 134f.
Meißen, Bm. 9; Mgft. 4–9. 19. 27. 98
Meißnischer Kreis, Verw.-Gebiet 27. 38.
    41
Merseburg 38; Bm. 9; Kr. (hist.) 39. 53.
    59
Merseburg, Regbz. 25f. 37. 39f. 106
Mitteldeutscher Handelsverein 28. 34;
    – Industriebezirk (-gebiet) 80. 128
Mittelmark, Ldsch. 6f. 20
Mittel-, Ober- u. Unterzentren 65. 127f.
Mühlberg, Schlacht bei 9
Mühlhausen i. Thür., Reichsstadt 6f.
    10f. 15f.

Naumburg, Bm. 9; Kr. 89. 93. 100. 120;
    Ort, Vertrag von 9. 13; -Zeitz 38
Nebra, Kr. 65. 89. 93
Netzeband (vgl. Rossow)
Neubrandenburg, Bez. 57–59. 62–64.
    68. 71–77. 87. 92f. 95f. 108. 116
Neubrandenburg, Kr. 64f. 67. 93; Ort,
    Vertrag von 22
Neue Bundesländer 3. 81. 92. 94. 108–
    132. 137 (vgl. Brandenburg, Mecklenburg-Vorpommern, Sachsen,
    Sachsen-Anhalt, Thüringen)
Neuhaus, Amt 79. 106f. 140
Neukloster u. Poel, Ämter 22
Neumark, Ldsch. 6f. 19f. 41. 44
Neustädtischer Kreis, Verw.-Gebiet 9.
    14. 27. 31. 38
Niedergleichen, Gft. 16
Niedersachsen, Bundesland 49. 52. 79.
    106. 110. 132. 135 (vgl. Braunschweig,
    Hannover); -Nordmark, Land (Vorschlag) 134f.
Niesky, Kr. (hist.) 53. 59
Nikolsburg, Frieden von 28
Norddeutscher Bund 28. 34. 40. 44

Nordhausen, Kr. 93. 101. 120 (vgl. Hohenstein); Reichsstadt 6f. 10f. 15f.
Nordmark 16–18
Nordost-Land 127
Nordrhein-Westfalen, Bundesland 49. 51f. 110. 132f. 135

Obotriten (vgl. Slawen)
Orlamünde, Gft. 13
Oschatz, Kr. 93. 101. 120
Osterburg, Kr. 65. 93
Osterland, Ldsch. 8f.
Österreich, Ksr. 24f. 27f.
Ostheim, thür. Exklave 36. 107

Parchim, Herrsch. 21
Pasewalk, Kr. 93. 99. 103f. 120
Peitz, Herrsch. (vgl. Cottbus)
Perleberg, Kr. 89f. 93–96. 100. 103. 118. 120
Plauen, Kr. (hist.) 29. 53. 105; Kr. 101f. 120
Pleißener Land, Ldsch. 5. 8
Poel, Amt (vgl. Neukloster)
Pommern, Hzm. 6f. 19. 23; Land (Vorschlag) 123–126; Ldsch. 19. 45; Prov. 25f. 41. 44–48. 50. 83. 104. 121; Hinter-, Ldsch. 10. 50; Vor-, Ldsch. 10. 23. 45f. 48. 82f. 86. 88. 103. 119. 121 (vgl. Schwedisch-Vorpommern); -Wolgast 6f.
Posen, Frieden von 12
Posen-Westpreußen, Prov. 44
Potsdam, Bez. 58–63. 68. 71–77. 87. 92f. 95. 116; Regbz. 25f. 42–44. 60
Potsdam, Kr. 67. 93
Potsdamer Konferenz 28. 44. 47. 50
Prag, Vertrag von 9
Prenzlau, Kr. (hist.) 43. 53. 59. 104; Kr. 89f. 93–96. 99. 104. 118. 120
Preußen, Kgr. 15–17. 20. 24f. 27–29. 31–34. 37f. 41. 45. 50f. 98. 121. 128; Land 26f. 35f. 43f. 46–48 (vgl. Brandenburg-Preußen, Deutscher Zollverein)
Prignitz, Ldsch. 6f. 16. 18–21. 44. 61.

103. 128; Ost-, Kr. (hist.) 43. 51. 53; West-, Kr. (hist.) 43. 51. 53. 59. 99f. 103. 140

Quedlinburg, Abtei 6f. 10f. 16. 37; Kr. 90. 93
Querfurt, Fsm. 11. 38; Kr. 65. 93

Randow-Gebiet, Ldsch. 104
Räte der Bezirke, – der Kreise 57
Rathenow, Kr. 93. 100. 120
Ratzeburg, Bm. 6f. 21f.; Fsm. 22
Raumordnung (vgl. Landesplanung)
Regionalismus 80f.
Reichsdeputationshauptschluß 15f. 22. 37
Reuß, Gft.n 6f. 10f.; Land 34f.; – ältere bzw. jüngere Linie, Fsm.r 14. 30. 32–34; -Ebersdorf, -Lobenstein, -Schleiz, Fsm.r 14. 32f.; -Gera, Fsm. 14. 32; -Gera u. -Greiz, Herrsch.n 14
Reußen, Dyn. 14. 31f.
Rheinbund 12. 15. 18. 22. 29. 36
Rheinland-Pfalz, Bundesland 49. 52. 110. 132. 135
Rheinland-Westfalen, Land (Vorschlag) 134f.
Riesa, Kr. 93. 98. 101. 120
Röbel, Kr. 65. 93
Rochlitz, Gft. 5; Kr. 65. 93
Rossow u. Netzeband, meckl. Exklaven 44
Rostock, Bez. 57f. 61–64. 68. 71–77. 87. 92f. 95. 108. 116
Rostock, Herrsch. 21f.; Kr. 67. 93
Rückgliederungswünsche 99–105
Rügen 45, Fsm. 23; Kr. (hist.) 46. 51. 53
Ruppin, Gft. 6f. 20; Kr. 43. 51. 53

Saalkreis, Kr. (hist.) 16. 37–39. 51. 53. 59
Saarland (Saargebiet), Bundesland 49. 51f. 84. 110. 132. 135. 137
Sachsen 8f. 12. 15. 24. 36–38. 42. 65. 68. 80f. 98. 118. 121. 129. 141; Bundesland 3–5. 79. 92. 94–102. 104–106. 108-112. 115. 119–121. 128f. 132. 140;

Sachsen (Forts.)
Kfsm. 9–12. 16. 31. 98; Kgr. 20. 24f.
27f. 32. 34. 37. 41; Land 26–29. 35. 47–
53. 59. 61f. 78. 82. 116. 118–121. 123;
Land (Vorschlag) 85–90. 122–126.
129. 142; Pfalzgft. 5. 8. 13. 19;
-Wittenberg, Hzm. 5–8. 17. 98
Sachsen, Prov. 4. 15. 25–27. 33–41. 48.
98. 106. 123. 128
Sachsen-Altenburg, Hzm. 30. 33. 95;
Land 35; -Coburg u. Gotha, Hzm. 30.
33; Land 34; -Coburg-Saalfeld, Hzm.
32; -Gotha, Land 35; -Gotha-Altenburg, Hzm. 32; -Hildburghausen,
Hzm. 32; -Meiningen, Hzm. 30. 32–
34; Land 34f.; -Weimar-Eisenach,
Ghzm. 27. 29–32. 34. 38; Land 35
Sachsen-Anhalt 65. 128; Bundesland
3f. 82. 92. 94–101. 103. 106–112. 120.
129. 131f.; Land 41. 48–53. 59. 62.
68f. 71. 78. 84. 116. 118–120. 123;
Land (Vorschlag) 85–87. 134; Prov. 4.
41. 47f. (vgl. Prov. Sachsen)
Sachsen-Niederschlesien, Land (Vorschlag) 139; -Thüringen, Land (Vorschlag) 91. 115. 117. 122. 127. 134f.
Sächsische Herzogtümer 10 (vgl.
Sachsen-Altenburg ff.)
Sagan, Herrsch. 8f.
Saint-Germain, Vertrag von 23
Sangerhausen, Kr. 89f. 93. 106
Schleiz, Kr. 65. 93. 101. 105. 120
Schlesien 123; Prov. 25f. 41. 121; Nieder-,
8. 20 (Ämter Bobersberg, Crossen,
Sommerfeld, Züllichau). 28. 48. 86.
119; Land (Vorschlag) 84; Prov. 47
Schleswig-Holstein, Bundesland 49.
51f. 88. 110. 132. 135. 137; Prov. 26. 45
Schmalkalden, Kr. (hist) 36. 40 (vgl.
Henneberg)
Schmalkaldischer Krieg 13f.
Schmölln, Kr. 65. 89f. 93–95. 97. 101.
118. 120. 128f.
Schneeberg, Kr. (hist.) 58. 64
Schönburg (Schönburgische Herrsch.n),
Gft. 6f. 11

Schwarzburg, Gft.n 6f. 10f.; -Rudolstadt, Fsm. 14. 30. 32. 34. 38; Land 35;
-Sondershausen, Fsm. 14. 30. 32–34.
38; Land 35
Schwarzburger, Dyn. 13f. 31f.
Schwarzenberg, Kr. (hist.) 58.
64
Schweden, Land 22f. 45
Schwedisch-Vorpommern 10. 23. 45
Schwedt, Kr. 64. 93
Schwerin, Bez. 57f. 62–64. 68. 71–77.
87. 92f. 95f. 116
Schwerin, Bm. 6f. 21f.; Gft. 21f.;
Kr. 67. 93
Schwiebus, Ldsch. 6f. 20
Seehausen, Kr. (hist.) 58. 64
Seelow, Kr. 65. 93
Selbstverwaltung, kommunale 80
Senftenberg, Kr. 89f. 93–96. 98. 100.
104. 106. 118. 120. 128f. 140
Sitzzuweisungsregel (Bundesrat) 119
Slawen, Slawische Stämme, Völker 3f.
12. 16–18. 21. 23. 28. 41. 44f. 47. 50.
56. 83. 85. 121. 126
Sömmerda, Kr. 93. 101. 120
Sommerfeld (vgl. Schlesien)
Sonnewalde (vgl. Baruth)
Sorau, Herrsch. 8
Sorben (vgl. Slawen)
Sowjetische Militäradministration in
Deutschland (SMAD) 36. 41. 44f. 47.
56
Stadtroda, Kr. 65. 93
Stargard, Land 19. 22
Sternberg, Kr. 65. 93
Sternberg, Land 6f. 19
Stettin, Regbz. 25f. 45f.
Stockholm, Vertrag von 23
Stolberg, Gft. 6f. 38
Storkow (vgl. Beeskow)
Stralsund, Regbz. 25. 45
Strasburg, Kr. 65. 93. 99. 104. 120
Süd-Baden, ehem. Bundesland 52. 131
Suhl, Bez. 58f. 62f. 68. 72–78. 87. 92f.
95. 116
Suhl 31; Kr. 64f. 93

Tangerhütte, Kr. (hist.) 58. 64
Teltow, Kr. (hist.) 4. 42 f. 53; Ldsch. 19 f.
Templin, Kr. (hist.) 43. 53. 59; Kr. 89 f. 93–96. 118
Territorialpolitik 108
Teupitz, Amt 20
Thüringen 8 f. 12–16. 29. 31. 33. 37. 60 f. 65. 68. 81. 106. 119. 123; Bundesland 3 f. 79. 85. 92. 94 f. 97. 100–102. 105–111. 120. 129. 132. 140; Land 14. 26 f. 34–36. 40 f. 47–53. 59. 68. 78. 82. 105. 116. 118–120; Land (Vorschlag) 86–90. 117. 122. 124–127. 134 f.; Ldgft. 5–8. 13; NS-Gau 36; Prov. 28. 36; -Sachsen, Land (Vorschlag) 122. 127. 141
Thüringische Staaten 25. 30–35 (vgl. Reuß, Sächsische Herzogtümer, Schwarzburg)
Thüringischer Erbfolgekrieg 13;
– Kreis, Verw.-Gebiet 16. 27. 31. 38
Tilsit, Frieden von 12. 15. 17. 20. 24. 38. 41
Torgau, Kr. (hist.) 39. 53. 59; Kr. 93 f. 97. 101 f. 118. 120
Tschechoslowakei 26 f. (vgl. Böhmen)

Uckermark, Ldsch. 6 f. 19–21. 59. 61. 103 f. 140
Untergleichen, Gft. 32
Usedom, Kr. (hist.) 46. 51. 53

Verwaltungsreformen 57. 79. 84
Vogtland, Ldsch. 6–9. 13 f. 50. 79. 103. 105
Vogtländischer Kreis, Verw.-Gebiet 27

Wahlen (in den neuen Bundesländern) 108. 132
Wanzleben, Kr. 65. 93

Weißwasser, Kr. 89 f. 93–96. 102. 118. 120
Welfische Lande 6 f. (vgl. Braunschweig, Hannover)
Werdau, Kr. 93. 102. 120
Werle, Herrsch. 21 f.
Wernigerode, Gft. 6 f. 16. 37. 39; Kr. 93. 100. 120
Westfalen, Kgr. 12. 15. 17. 20. 29. 36. 38. 41
Westfälischer Frieden 11. 16. 22
Wettin, Gft. 5
Wettiner, Dyn. 4 f. 8 f. 13 f. 16 f. 19. 126. 141 (vgl. Albertiner, Ernestiner)
Wettinische Erbteilung 13
Wettinische Gebiete, Lande 6–8, 19 f. 98 (vgl. Sachsen, Land u. Prov., Thüringen)
Wiedervereinigung Deutschlands 79. 132
Wiener Kongreß 4. 15. 24. 27. 29. 31. 37. 41. 44 f. 51
Wismar, Ort m. Umland 10. 22
Wittelsbacher, Dyn. 19
Wittenberg, Kr. (hist.) 39. 53. 59
Wittstock, Vertrag von 22
Worbis, Kr. (hist.) 39. 53; Kr. 65. 93
Württemberg-Baden, ehem. Bundesland 52. 131; -Hohenzollern, ehem. Bundesland 52. 131

Zauch-Belzig, Kr. (hist.) 43. 51. 53
Zauche, Ldsch. 8. 17 f. 20
Zentralismus, demokratischer 56 f. 79 f.
Zentralortnetz 65 f. 128
Zeulenroda, Kr. 93. 101. 105. 120
Ziegenrück, Amt 38; Kr. (hist.) 31. 39
Zossen, Herrsch. 20; Kr. 65. 93
Züllichau (vgl. Schlesien)
Zwickau, Regbz. 29